都為之瘋狂的愛情心理測驗

令全世界女人

U0088370

永續圖書 線上購物網　　讀品文化 事業有限公司

WWW.foreverbooks.com.tw　　　　　　　　　　　　　yungjiuh@ms45.hinet.net

幻想家系列　11

令全世界女人都為之瘋狂的愛情心理測驗

編　　著	艾莉絲
出 版 者	讀品文化事業有限公司
執行編輯	林美娟
美術編輯	翁敏貴

社　　址	22103　新北市汐止區大同路三段 194 號 9 樓之 1
	TEL／(02) 86473663
	FAX／(02) 86473660
總 經 銷	永續圖書有限公司
劃撥帳號	18669219
地　　址	22103　新北市汐止區大同路三段 194 號 9 樓之 1
	TEL／(02) 86473663
	FAX／(02) 86473660
出 版 日	2013年09月
法律顧問	方圓法律事務所　涂成樞律師
CVS代理	美璟文化有限公司
	TEL／(02) 27239968
	FAX／(02) 27239668

Printed Taiwan, 2013 All Rights Reserved

國家圖書館出版品預行編目資料

令全世界女人為之瘋狂的愛情心理測驗 / 艾莉絲編著.
　-- 初版. -- 新北市：讀品文化，民102.09
　　　　面；　公分. -- (幻想家；11)
　　　ISBN 978-986-5808-09-9(平裝)
　　　　　1.心理測驗
　　179.1　　　　　　　　　　102012576

3　妳和他的緣分有幾分？　105

6　妳的魅力有幾分？　225

1

解密女人最真實的世界

妳做過這樣的測試嗎？透過圖，來探尋自己的心理。其實，圖是最有效的直達人內心的工具之一。生活中，人們常常能夠透過對圖的構思或者介紹，對自我進行深刻剖析。在享受圖帶來愉悅的同時，對自己也多了一份瞭解。而且，從某種意義上來說，每個人都是天生的作者，天生的解讀者。那麼，不妨拿起手中的筆，滿足一下自己的好奇心。

連接電話線——
從畫看妳的溝通能力

　　情感需要溝通，人際關係也需要溝通，但溝通並不是一件容易的事情，它並不只是聽一聽、說一說那麼簡單。正如一位溝通學家所說：「成功的溝通者知道，如何溝通和妳溝通的內容一樣重要。」因為溝通的方式往往會影響溝通的效果，而且在很大程度上影響我們與那些關鍵人士的關係狀況，同時也影響著生活質量。

　　那麼，在生活中，妳的溝通方式是什麼呢？是含蓄委婉，還是直截了當？不妨動一下妳手中的筆，來做一下下面的這個測試吧！下面的這個圖，右上方是一部電話機，左下方是一個話筒。請憑第

一感覺在電話機和話筒之間隨意畫上一根電話線。

直線型：

如果妳畫的電話線是從話機直接到話筒，線幾乎呈直線的形狀，表明在溝通的過程中妳通常採用直來直去的溝通模式，不喜歡繞來繞去的兜圈子。如果與人溝通時，對方跟妳繞圈子，妳可能會不顧情面的選擇離開。

波浪線型：

如果妳畫的電話線如同是波浪的形狀，表明生活中的妳是一個浪漫憂鬱的女孩子。與人溝通時，尤其是與自己的戀人，妳總是十分注重談話的氣氛，如果氛圍不對妳的口味，則會直接影

響妳與人溝通的心情和結果。

迴旋線型：

如果妳畫的電話線是
一連串迴旋的小彎，表明妳
在與人溝通的過程中非常在
意溝通的趣味性。在與人溝
通的過程中，如果妳想告訴
別人真正的答案，往往會先
準備幾個非常奇怪、好玩、

充滿樂趣的答案。另外，這種類型的女孩子防禦性
較強，而且善於掩飾自己。

逃逸線型：

所謂逃逸是指妳畫的
電話線根本沒有把電話機和
話筒連接起來。畫這種電話
線的女孩子，在最近一段時
間內肯定遇到了非常棘手的
問題，想解決卻又找不到解

決的辦法，即使與對方溝通也無濟於事，因而會萌發逃離的念頭。

設計妳的家——
由畫看婚姻

　　家庭和婚姻是每個女人生命中不可缺少的一部分，穿上婚紗，與愛人攜手走上紅地毯的那一刻，就代表妳走進了婚姻。而婚姻是女人生命中最複雜、最重要的一課，它承載著我們的愛情、親情、友情，包含著尊重、關愛、容忍、珍惜。所以，每個女人都會用一生的精力、心血、智慧找尋最完美、最得體、最圓滿的答案來完成它，也會用一生的愛經營它、耕耘它。

　　那麼，妳期待什麼樣的婚姻和家庭？妳瞭解自己的婚姻和家庭嗎？妳知道婚姻和家庭在妳生命中占據什麼樣的位置嗎？妳的婚姻道德尺度又是怎樣的呢？或許妳現在並沒有一個明確的答案，但是

不妨動手畫一張畫，它也許會告訴妳意想不到的內容。

在一張A4大小的紙上，妳必須畫上「房屋、山、水、樹」，至於其他內容可以根據妳自己的需要進行添加。作畫的時間最好控制在10分鐘之內。

結果分析

首先可以說明一下，在妳的畫中，房屋代表妳對婚姻、家庭寄託的希望；山在潛意識裡代表妳的工作和事業；水則代表情感；樹是心中道德觀念的反映。下面是四個被測者所作的畫，不妨拿出妳作的畫與下面的幾幅圖進行比較，看看最接近哪一幅？

A型：

可以看出圖畫中樹和水的部分線條紊亂，甚至類似狂草，就表示妳內心渴望自由自在、無拘無束的生活，但從紊亂的線條中又不難看出妳內心湧動著煩惱和不安。另外，可以看到畫面中的河水勢很大，直流而來，說明妳在愛情中試圖追求激情，放任自己，但又覺得這種追求中隱藏著危險。

　　畫中的樹木樹冠較大，說明妳在婚姻生活中受到道德觀念的壓抑。從樹幹上的疤還可以推測出過去的婚姻生活中妳可能遭遇過什麼不幸的經歷。總而言之，畫這種圖形的人多屬於激情不安型。

B型：

　　這幅畫位於紙的中心，給人的第一感覺好像是

鳥巢，而且會讓人覺得很壓抑。畫中的房子被山、水、樹包圍，位於整幅畫的中心，不過在河的上方有一條通向家的小橋。因此，畫這幅畫的人可能希望自己能夠沉浸在甜美的愛情當中，但內心卻又有著不確定的逃離傾向。可能畫圖者害怕自己被感情左右，希望能夠保留一條客觀觀察婚姻的途徑。畫這種類型的人多屬於患得患失型。

C型：

存在唯美主義的傾向，另外還可以看出有一定的繪畫功底。對於有一定繪畫功底的人來說，分析

他的畫比較困難一些。因為他在畫畫的過程中，總是力求畫得完美，較少受自己情緒的影響。

可以看出，在這幅畫中作者是把自己的家安在水中，四個水柱也都與水保持著一定的距離，可能表明作者在愛情中迷失了方向，找不到真實的自我，更把握不住自己內心深處的感覺。同時，畫中房子的倒影孤立而又若隱若現，表現出畫者對婚姻情感生活的猶豫不決。就畫看來，這種類型的人在婚姻中屬於唯美猶豫型。

D型：

可以明顯看出，這幅畫房屋結構比較豐富，山占據了畫中的大部分位置，三棵小樹和河流都出現

在屋的後方，在畫的右上角還畫了一個太陽。

從房子來看，它的面積很大，地基好像是石質的，很堅實。象徵著畫者對穩定婚姻的嚮往。山和樹都是規規矩矩的，象徵著畫者有著強烈的務實精神，在畫者的意識裡，婚姻是應該建立在牢固的物質基礎之上的，感情倒是其次。再者，這幅畫幾乎占據了紙的所有位置，而且筆調粗直，略帶誇張，可以想像出畫者是那種個性張揚的人。從畫來看，畫這種類型畫的人屬於穩定務實型。

導演他人的故事——
發現自己心中的渴望

有的女人平時不拘小節，在愛情生活中卻能夠做到體貼細膩；有的女人平時看起來溫柔可人，但在愛情生活中卻是頤指氣使。想知道在愛情生活中妳是一個什麼性格類型的女人嗎？趕快進入下面這個有趣的測試吧！

下面是一個常見愛情故事的片斷圖畫，但是順序被打亂了。如果讓妳來重新編排這個愛情故事，妳會怎麼來安排這幾幅圖畫的順序呢？

場景一：

涼爽的晚風吹拂著河邊青翠的垂柳，河水潺潺地流著，遠處飄來了類似風鈴的響聲，對岸的人家已經亮起了溫馨的燈光。河邊步行道上的燈光將兩個年輕人的身影拉得很長，一路上，他們一直在沈默著。

場景二：

「你們在幹嘛呢？偷偷摸摸地，離開的時候也不說一聲。」小李不知道什麼時候從他們兩個的身後冒了出來，把小明嚇了一大跳。小明和小玲回頭一看，小李正表情怪怪地站在他們身後，而且又意味深長地說：「約會嗎？可以光明正大的嘛！還以為你們走丟了呢！好了，知道你們兩個在一起我就放心了，我要先回家了喔！」

場景三：

小明和小玲正說到高興處，突然小玲從口袋中掏出一枚硬幣，然後她把硬幣拋向空中。硬幣在空中劃了一個優雅的弧線，最後落在了面前的石桌上，小明還沒有來得及看見硬幣落在哪兒，小玲就伸手按住，很嚴肅地對小明說：「你猜硬幣那面朝上，如果猜對了，這件事就聽你的，猜不對就照我

的決定來！」

可能每個人都會對三個場景進行不同順序地排列，其實人生就好像是一部戲，每個人都是自己這部戲的導演，而且各有各的不同風格，其中的酸甜苦辣，也只有自己最清楚。那麼妳會演繹出什麼樣的人生呢？

A類型：把場景一當做故事的第一幕

這種類型的女人喜愛幻想，屬於精神貴族。一般而言，她們非常注重生活中的精神享受，總是希望自己的人生充滿戲劇化，渴望自己的人生轟轟烈烈，而不是甘於平庸。另外，這種類型的女人非常喜歡淒婉的愛情故事，骨子深處有種悲劇意識。總之，這種既重感覺又重氣氛的女人是生活中的浪漫高手，在異性的眼裡也充滿了神祕的氣息。不過要記住過猶不及，如果一個女人過分看重這些，在別人的眼裡就有「做作」之嫌。

B類型：把場景二當做故事的第一幕

這種類型的女人在生活中具有開朗樂觀的性格，喜歡活潑熱鬧的氣氛，但極具孩子氣，有時會有一些任性。在感情方面，妳投入不是太多，因此常被戀人、家人、朋友稱作「沒心沒肝」，其實不是妳不願意投入，而是妳認為自己的感情還沒有定性，如果過分執著和堅持可能會讓雙方都受到傷害。

C類型：把場景三當做故事的第一幕

這種類型的女人是不折不扣的愛情實踐家。在愛情中，她們總是把自己看成第一位，非常注重自己在愛情生活中的感覺，以至於常常忽略了對方的感受。而且，如果妳和男友的愛情結束，那麼被甩的一定不是妳。建議妳在生活中偶爾也為自己的男友著想一下，畢竟愛情是兩個人之間的事情，長期忽略他的感受，最後妳可能也不會得到幸福。

畫想像中的另一半——
瞭解妳喜歡的丈夫類型

生活中，沒有結婚的女人，肯定經常在心目中對婚後自己的另一半進行了無數次的遐想；而已經結婚了的女人，心中肯定在想自己的丈夫應該是那種樣子，而不是這種樣子。那麼，不妨來畫一幅圖畫，瞭解一下妳到底喜歡哪種類型的丈夫？

請根據妳的想像，在一張A4大小的紙上，畫出丈夫在家的樣子，關於背景，妳可以根據作畫的情況自由添加。時間最好控制在15分鐘之內。

結果分析

以下各圖是從被測者當中選擇出的四種比較具有典型意義的圖畫，可以對照一下妳自己的繪畫，看看和以上哪個最為類似。

A類型：

　　從圖畫中我們可以看出，畫中的丈夫正在賣力地拖地，可以想像出這位丈夫在家中肯定承攬了所有的家務。由此我們也不難看出妳喜歡的丈夫類型──保姆型丈夫。婚姻生活中，可能妳只需要說一些甜言蜜語，丈夫就會在妳的迷魂湯下乖乖地洗衣、做飯、打掃環境。但是如果妳的丈夫偏偏不吃妳這一套，或者他根本就不喜歡做家務，那麼就要看妳如何「教化」了。

B類型：

仔細觀察圖畫，可以看出圖畫中的丈夫正悠閒地坐在沙發上翻閱報紙。由此不難發現，妳喜歡的丈夫類型是—知書達理型丈夫。婚姻生活中，妳希望自己的丈夫溫文儒雅，富有學者氣息。生活中的妳寧願一個人忙裡忙外，也不想要丈夫幫自己做家務，妳只希望他利用空餘的時間看看書、翻翻報就可以了。妳總是心甘情願地為他做好所有的事情，關心他、照顧他是妳的樂趣所在。如果能夠娶到妳這樣的妻子，那妳丈夫肯定是世界上最幸福的丈夫了。

C類型：

已經深夜12點鐘了，畫中的丈夫還坐在家裡的電腦桌前加班，他一手拿著電話，一手摸著滑鼠，忙忙碌碌的樣子。可以看出，婚姻生活中，妳期盼

的丈夫類型是—事業型丈夫。妳希望自己的丈夫能夠把全部精力都投入工作中去，至於家，妳會收拾得井然有序。很明顯，妳希望的家庭模式就是他主外，妳主內，只要他能在事業上出人頭地，哪怕妳一個人在家中忍受孤獨也沒關係。

D類型：

整個畫面給人的感覺很溫馨，夫妻二人穿著情侶裝，繫著同樣的圍裙在廚房中做飯。可以看出，妳期盼的丈夫類型是—「平權」型丈夫。生活中的妳肯定也是一個「平權」主義者，妳希望自己能夠與丈夫在生活上的各方面都享有相等的權利和義務，而且，妳既懂得浪漫又懂得如何抓住現實，希望能夠與丈夫分享生活中的每一個時刻。如果碰巧，妳的丈夫也是這種類型，那麼你們的生活肯定

是令人羨慕、嫉妒的類型了。

畫出妳想像中的樹──
瞭解真實的自己

樹的成長歷程與人的成長歷程是非常接近的，因此人們畫出的樹在某種程度上就蘊含著他自身的一些特點。所以，從每個人畫的樹來分析，常常可以分析出一個最真實的自己。這個心理測試又叫做鮑姆測驗，鮑姆（Baum）在德語中就是指樹木。

鮑姆測驗是測試者發給被測者一張A4大小的紙和一支鉛筆，讓他們在紙上畫出一棵樹。這個測試的特點是測試範圍廣且簡單易行，由於不像人物畫那樣難以具體的表現，被測者不容易產生抵抗感，並且實施起來非常簡單。這個測試在原則上是沒有時間限制的。那麼，想像一下，如果讓妳在白紙上畫樹，妳會畫出一棵怎樣的樹呢？

圖一：結滿果實的樹

　　上圖是一位女中學生畫的畫。畫中的整棵樹居於紙的中央，幾乎占據了紙張所有的面積。還可以看出，畫中的線條很有速度感，能夠讓人從中感受到朝氣和力量。另外，樹幹的部分是以平緩的線條從根部向上延伸，上面的部分整個被樹葉包圍。根部從樹幹底部平緩地變粗，直至與地面相接。

　　在學校，這位女生性格開朗，樂於助人，對什麼事情都非常熱心，她在學生會擔任職務，是班上的重要幹部，對學校生活充滿了熱情。不過，從這個測試我們還可以看出，這個女孩子脾氣有些急，

有著她這個年齡所特有的想法和思想，譬如相信只要努力，樹上就會結滿果實。再者，她做事、說話喜歡直來直去，大方俐落，坦率正直。

圖二：動物依靠的樹

　　這是一幅16歲的高中二年級女生的畫。一般而言，樹上畫動物並不多見，但從某種意義上來說，動物往往代表著一個人的情感、慾望等。可以看出，圖二中有很多種小動物，樹枝上有一個小鳥巢，鳥巢中有幾隻嗷嗷待哺的小鳥，鳥巢的不遠處，鳥爸爸和鳥媽媽正在辛苦地捉蟲子；樹幹上還

有一隻可愛的小熊，而且下面的樹洞裡竟然還有一隻正在吃草的小兔子，河邊的池塘裡有躍出水面的小魚，還有浮在水面上的鴨子。

不過，這幅畫雖然所畫的動物種類繁多，但是給人一種很溫暖的感覺，能夠讓人感覺出其中生機勃勃的生命氣息以及和諧相處的美好。可以想像得出，這名女生希望生活中人與人，以及人與自然都能夠友好地、和諧地相處。

還有一點我們需要注意，就是畫中顯示的另一個主題就是依賴。例如，鳥巢中的小鳥依靠著他們的爸爸媽媽，小熊像抱著媽媽一樣抱著大樹，小兔子躲在風雨都侵襲不到的樹洞裡……其實這是作者內心深處的反映：她希望家是自己生命中的避風港，能夠給自己提供營養和支援。

圖三：不對稱的冬季臘梅

　　這是一個21歲的大學三年級女生畫的畫。她畫的是一棵冬季裡的臘梅。一般來講，在鮑姆測試中，畫冬季裡的樹的人很少，因為冬季裡的樹讓人感覺沒有活力和朝氣，象徵著生命力不足。不過，畫冬季裡的臘梅，就別有一番意味了。臘梅與眾不同的是，它只有在冬季才爆發出巨大的生命力，而且開滿花的臘梅比長著葉子的臘梅生命力還要旺盛。

　　此外，我們還應該注意到這棵樹右邊的樹枝明顯要比左邊的樹枝生長得好，因此兩邊顯得極不對稱。其實，這種不對稱與這名女生自身的成長經歷有關，正如樹的成長有年輪記錄，每個人的畫也都

能夠顯示出她的成長歷程。在這位女生看來，近年來她自身得到了極大的發展空間，因此畫中臘梅的右枝不僅長得高，而且開的花也比較多。此外，這個女生在生活中缺乏自信，因此應該注意這方面的調節。

圖四：結蘋果的梧桐樹

　　有誰見過梧桐樹上會結蘋果，但在一位19歲的大學一年級女生所畫的樹上就有。據她自己介紹，她特別希望梧桐樹上能夠結出蘋果來，因此她就在梧桐樹上畫了幾個蘋果。這種樹與果實不一致

的情況，恰恰反映了作者內心一些不切實際的目標或者說是幻想，也可能是她根本就不知道自己現在需要什麼。事實是，她總是生活在自己想像的世界裡，不願接受殘酷的事實——梧桐樹根本就結不出蘋果。從整體來看，作者的筆觸很輕，很淡，也就代表著她在為人處世中謹慎小心，有著強烈的自卑感，缺乏自信。對於這名女生而言，她現在最需要的就是拿出勇氣接受自己，特別是要找出自身的優勢，也要認識到自身的劣勢和不足。其實，蘋果樹雖有蘋果樹的驕傲，但梧桐樹也有自己的風姿！

CMI健康調查——
多關心自己的身心健康

　　現代社會，生活、工作節奏變得越來越快，壓力也變得越來越沉重。於是很多人不堪重負，身體健康狀況變得越來越差。

　　CMI（Cornell Medical Index-Health Questionnaire）

健康調查表是由美國康乃爾大學的K-Brodmann教授設計的，主要應用於醫院以及諮詢機構，幫助受測者瞭解自己的身心健康。不過我們也可以作為一個心理測試來瞭解一下自己的身心是否健康。

在這個測試當中，受測者可以根據自己的情況對自己提問一些問題，主要包括與身體相關的以及與身體相關的某些症狀，回答的形式為「是」或者「不是」。在內容和數量方面沒有具體要求。然後結合自己回答的情況，就可以對自己的身心健康有了進一步的瞭解。

下圖是對一位32歲的上班族女性進行的測試，在其進行的測試中，她一共給自己提出了12個問題。測試之後她發現自己有8個問題回答了「是」，由此不難看出她的身體健康狀況已經有了很大程度的損害。建議趕快對自身健康狀況進行調整，或者到醫院求助醫生以及心理醫生。否則，後果會越來越嚴重。

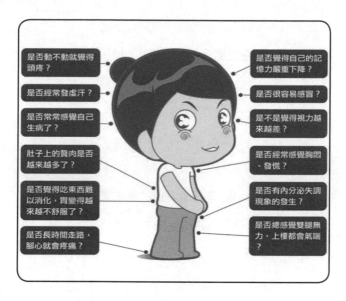

1、是否覺得自己的記憶力嚴重下降？

2、是否動不動就覺得頭疼？

3、是不是覺得視力越來越差？

4、是否經常感覺胸悶、發慌？

5、是否覺得吃東西難以消化，胃變得越來越不
舒服了？

6、是否經常會發虛汗？

7、肚子上的贅肉是否越來越多了？

8、是否有內分泌失調現象的發生？

9、是否總感覺雙腿無力，上樓都會氣喘？

10、是否長時間走路，腳心就會疼痛？

11、是否常常感覺自己生病了？

12、是否很容易感冒？

自己的身體健康狀況自己應該瞭解得更清楚，而自提問題是發現身心疾病的重要線索。為此，妳也不妨參照上圖，對自己提問一些健康方面的問題，或許會對自己的健康起到些許幫助。

P—F study
欲求不滿時妳反應如何

生活中，我們可能經常會遇到這樣的事情：走到路上，被經過水坑的汽車濺得滿身是泥；一不小心，弄壞了別人心愛的東西等。那麼，發生這些事情的時候，妳的第一反應是什麼？生氣、斥責、急

躁，還是默默無聲？

其實，從這些反應當中我們也可以看出一個人的性格，這就是今天所接觸到的P—F study（繪畫欲求不滿）心理測試。這個測試是以漫畫的形式畫出不滿的情景，然後根據這些反應判斷一個人的性格。

P—F study 心理測試共有24張畫，畫中顯示的都是我們日常生活中經常接觸到的情景，主要包括兩類：一是成為被害者而感到不滿；二是加害者因為受到被害者的斥責，因良心不安進而感到不滿。一般而言，這兩類可以透過以下圖畫來表示。

圖畫一：

餐廳裡，甲端著盛滿飯的碗走向座位的時候，不小心碰到了乙，結果飯灑了乙一身。此時乙會有什麼反應？

解密女人最真實的世界

圖畫二：

辦公室裡，甲不小心把乙放在桌子上的杯子打破了，看著乙責備的眼神，甲的反應如何？

在這些圖畫中，感到不滿的人旁邊有一個空白的對話方塊，讓受測者在對話方塊中寫出這個人可能會有的反應，便可推測出他的性格。

下圖是一個非常典型的欲求不滿的例子，相信生活中我們也會經常遇到這樣的事情。假設工作的時候妳因事外出，回來之後發現同事正在用妳的電腦，她告訴妳說：**「不好意思啊，我的電腦今天中病毒了，沒有跟妳打聲招呼就先用妳的電腦了……」**此時妳會有什麼樣的反應，會做什麼樣的回答。

　　我們選取測試中A、B、C三種回答，來分析一下他們的不同性格。

　　A 回答說：

　　「反正已經用了，用就用吧！」這種人在生活中是隨遇而安型，他不會因為一點不滿就大發脾氣，也不會因為自己取得成就洋洋得意。順其自然，少惹是非，是他們的生活原則。但這樣處事的人很容易喪失生活樂趣。

　　B 回答說：

　　「你怎麼能夠隨隨便便就用人家的東西呢？用之前你至少也得告訴我一聲吧！這應該是做人最

起碼的禮節。」可以想像，他是一個在任何方面都不肯吃虧的人，如果生活中遇到什麼讓他不滿的事情，首先會把這種不滿發洩給別人。建議這種人學會控制自己的情緒，與人寬容就是與己寬容。

C 回答說：

「知道了，你接著用吧！同事之間應該互相幫助的。如果下一次我的電腦也出現問題了，要記得讓我用你的啊！」這種類型的人在工作或者人際交往中有良好的人緣，因為他很會說話、做事，不容易得罪人，有時候甚至會主動承擔一些責任。因此，很受同事和朋友們的尊重。

選妳喜歡的圖畫——
瞭解妳在愛情中害怕什麼

生活中，每個女人都想獲得真愛，但在追求真愛的過程中，她們有時候卻會感到莫名其妙地

恐懼。而且每個女人的恐懼並不一樣，例如有的女人經歷過不幸的愛情，害怕再次遭受痛苦；而有的女人則親眼看到身邊的很多人生活在愛的占有痛苦中，害怕自己有一天也會成為愛人的俘虜……每個女人都有自己的故事，相信這個測試能夠幫助妳看到妳的故事。

圖片 1

圖片 2

圖片 3

圖片 4

1、假如一個女人以前的戀人突然回到她的身邊，想要和她重新開始，妳認為上面的哪個圖片最符合這個場景？

★ 圖片1

▲ 圖片2

◆ 圖片3

● 圖片4

2、如果在自己身上發生上題中的故事，妳會怎樣對待這個曾經的戀人？

★ **重新開始**

▲ **不理他**

◆ **消遣他**

● **製造假像，讓他以為妳一直在等他**

3、假如女友想要離開，男人試圖勸她留下，妳認為上面的哪個圖片最符合這個場景？

★ **圖片1**

▲ **圖片2**

◆ **圖片3**

● **圖片4**

4 、如果上題中的女人是妳，妳和他分手的原因是什麼？

★ **對他沒有感情了**

▲ **他的種種行為說明他想要放棄我**

◆ 在一起時間久了，膩了

● 因為他做什麼事情好像都不照顧我的感覺

5、女人終於鼓起勇氣，告訴男人自己很久以前就愛上別的男人了。妳認為上面的哪個圖片最符合這個場景？

★ 圖片1

▲ 圖片2

◆ 圖片3

● 圖片4

6、如果妳是上題中那個女人，為什麼會對他不忠呢？

★ 為了報復他的不忠

▲ 相比而言，自己更愛其他男人

◆ 覺得他不值得自己託付終身

● 為了給自己一個全新的生活環境

7、仔細看第一張圖片，假如女人真的愛那個男人，原因很可能是什麼？

★ 沒有他，女人的生命就如同是一潭死水

▲ 爲了他，女人已經和家裡所有人都決裂了

◆ 因爲他能夠帶給女人生活的希望

● 他能夠讓女人忘記以往的傷痛

8、看第二張圖片，如果妳的男友用這種方式愛妳，妳會怎麼樣？

★ 懷疑他對自己的愛

▲ 會窒息而死

◆ 覺得自己是他的玩偶

● 妳會徹底變成另外一副樣子

9、看第三張圖片上的女人，她一副非常懊悔的樣子，妳認爲她在懊悔什麼？

★ 讓男人如此擔心她

▲ 怎麼自己的感情這麼脆弱

◆ 怎麼會這麼笨，竟然會愛上他

● 庸人自擾

10、從第四張圖片上，不難看出女人在反抗，
原因可能是？

★ 她覺得男人根本就不理解自己

▲ 她覺得男人根本就看不起自己

◆ 男人的愛讓她快要瘋掉了

● 不想事事都順從男人

做完試題之後，看一下妳選★▲◆●哪個最
多，然後看下面的分析：

★ 最多：

愛情中，妳最害怕自己遭受到痛苦。一般而
言，戀愛的時候，妳總是擔心自己的戀人會把自己
甩了，因此妳總是敏感、多疑地對待他，這樣反而
會給自己增加不必要的負擔。建議妳正視自己的脆

弱，對戀人多一份信任和坦誠。

▲ 最多：

愛情中，妳很難相信別人。妳認為愛情世界會吞噬天真純潔的人。如果不保持警惕，就有可能被貶低、被欺騙、被背叛、被玩弄、被掌控……妳從來不相信有完美的情感。其實妳知道妳的另一半對妳十分重要，因此在他的開導之下相信妳一定能夠順利跨越愛情道路上的障礙。

◆ 最多：

愛情中，妳最害怕失去控制。一般而言，進入一段感情之前，妳總是會考慮很久，妳想知道你們的感情基礎是否堅固，妳尤其擔心的是妳在愛情中會失去控制力，淪為愛情的奴隸。不可否認，有的女人會在愛情中迷失自我，但只要妳堅信自己的行動，相信感情的力量，就放任自己去愛吧！

● 最多：

愛情中，妳最害怕的是失去自由。開始一段感情之前，妳總是覺得這段感情會禁錮妳的自由。因此妳雖然想得到愛情的歡愉，但卻拒絕它的束縛。躲在這種矛盾的背後，妳在感情上就顯得極為靦腆，更羞於身體的接觸。

畫張自畫像——
全面認識自己

在希臘一座古老的神殿上，鐫刻著這樣一句話：「妳，瞭解自己嗎？」看到這簡單的五個字，每個來到這裡的遊人都會駐足凝思，思索良久。認識自己，好像是很簡單的一件事情。真的如此嗎？其實不然。

妳認識自己嗎？可能妳感覺這個問題很好笑？但是當妳坐下來獨自沉思時，當妳坐在鏡子前注視著自己時，妳或許也會問自己這麼一個問題：「我

是誰？我到底是一個什麼樣的人呢？我真的認識自己、瞭解自己嗎？」

其實，在我們每個人的心裡，或清晰或模糊都有一張自畫像；而且每個人的自畫像都與別人的不一樣。毫無疑問，這張自畫像就是理想中的自己。而且在這張自畫像中會不同程度地融入妳對自己的期望，以及妳對自我的認識。那麼，也請妳坐下來為自己畫一張自畫像吧！在認識別人、認識世界、認識他人之前，先認識一下妳自己。

圖一：女主治醫生

這是一位高中三年級女生為自己畫的自畫像，她馬上要參加聯考。可以看出，她畫中的人物是一位女醫生，她身穿大白袍，帶著頭罩和口罩，眼睛中流露出嚴肅的表情；另外，畫中的女醫生手持手術刀，站在手術臺前，看似正在準備一場很重要的手術。據此我們可以很簡單地推測出這名女生心目中理想的職業是醫生，並且她想像中的醫生醫術精湛，擔當著治病救人的重要使命。可以推測，之後她很可能會選擇報考醫學系。

圖二：我是一隻飛鳥

這是一位即將畢業的大學四年級女生所作的畫，她說人物自畫像不足以表達她的心靈世界，而畫中向著太陽飛翔的小鳥代表的就是她。畫中的群山和白雲讓整幅畫看起來很有氣勢，也表明鳥已經飛到了一個相當高的高度。同時，鳥正在展翅飛向能夠給人溫暖和力量的太陽，表明作者需要溫暖和支援。從鳥寬大的翅膀來看，表明作者對自己充滿信心，相信可以飛得更高，看得更遠，直至達到自己追求的目標。因此，透過整幅畫我們不難看出，作者有著明確的目標，也相信自己能夠成功到達。

圖三：想要做個瀟灑女人

這是一位24歲的公司女職員所作的圖畫。畫中的女孩子，披頭散髮，一副很瀟灑的樣子，但這可能影射了在現實生活中，作者工作負擔比較重，壓力比較大，因此她的潛意識裡渴望自己生活得非常瀟灑。她在工作中可能有很多想法，但僅僅局限於想，並沒有實際去行動。她也可能在「做」與「不做」之間進行過激烈的掙扎。再者，她有很多心理煩惱，但不知道怎麼樣去發洩。

圖四：不想長大

　　這是幼稚園教師所作的自畫像，畫中的她紮著兩條辮子，穿著連衣裙，只是一個三四歲的小孩

子。從圖畫中我們很明顯看出，這是一個不想長大的女孩子。為此，我們不難理解為什麼她會選擇幼兒教師這個職業。因為整天和孩子打交道可以保持一顆年輕的心，而且「不願長大」的心理也得到了極好的維持。但是，在人際交往中如果不能以成人的角色出現，就可能會遭遇挫折。建議作者認清自己已經成人的事實。

畫張動態家族畫——
發掘他人眼裡的自己

　　一般而言，一個人的自畫像只能在一定程度上表現出一個人的自我想像，很難表現出與他人之間的關係。我們知道，生活在這個世界之中，每個人都不是單獨存在的，都必須與他人進行交往。因此，他人眼中的自己到底是什麼樣的呢？這可能是很多人都想知道的問題。妳呢，是不是也很好奇？那麼就來畫一張動態家族畫吧。

所謂動態家族畫是指畫一張包括全家人的圖畫，並且在圖畫中表現出「家人都在做什麼」的動作。一般而言，因為人與人之間的家庭氛圍不相同，畫出的畫也就不會完全一樣。被測者需要注意的是，在畫的同時妳可以根據自己的需要添加一些具體的生活內容。畫完之後，提問的一些簡單的問題，可作為參考。

圖一：餐桌上的家人

這是一位12歲的女學生所畫的動態家族畫。可以很明顯地看出，她正在和爺爺、奶奶、媽媽共用晚餐，他們邊聊天，邊吃飯，給人一種很親切、很溫馨、很快樂、很幸福的感覺。她說，父親因為工作太忙，一般不在家吃晚飯，因此她就在餐桌上畫了四個人。從畫面我們可以看出，這是一個十分溫馨的家庭，事實也是，因為畫畫的女孩子生活非常快樂，她唯一覺得有點遺憾的是爸爸不能夠經常陪他們一起吃飯。不過這並不影響她的健康成長，以後的她肯定能夠樂觀地對待人生中的坎坷和挫折。

圖二：孤單一家人

這同樣是一個12歲的女孩子畫的畫，而與上面那副圖畫卻迥然不同。這幅畫很簡單，沒有任何生活背景，只有毫不相干的四個人，而且這四個人都是在孤立地站著，相互之間好像沒有任何聯繫。其中，這個女孩子站在一個角落裡，距離家中的每一個人都很遠。最重要的是孩子把這幅圖畫命名為「孤單一家人」。很顯然，這個家庭中缺少上一個家庭的和諧與溫馨，而且畫中的人物缺少親情，這個孩子正是在這個家庭中孤單地生活著。這種家庭環境下的孩子，很容易產生心理障礙，會給以後的人際交往帶來負面影響。

勾畫內心的風景——
全面剖析自己

在小的時候，我們每個人都有在紙上塗鴉的經歷吧！但隨著年齡漸漸長大，這份兒時的愛好是不是也被妳拋在了腦後。那麼，現在不妨重拾這個遊

戲，靜心寧神地畫一幅以「家、山、路」為主題的風景畫。其實，每一幅主題畫的背後，都藏著妳內心的祕密。怎麼，不信嗎？那就來試一下吧！

其實，這個心理遊戲很簡單，就是要求被測者在一張A4大小的白紙上畫一幅風景畫，其中必須要包括「家、山、路」，其他景物可以根據自己的需要進行添加。原則是沒有時間限制。

在分析下面的圖畫之前，我們可以想像一下「家、山、路」都代表著什麼？一般而言，圖畫中的「家」既可以是我們現實生活中的家，又可以是我們嚮往的精神家園，它是我們心靈的歸宿。「山」常常是一些障礙的象徵，它是高大還是平緩，是在家的前方還是在家的後方，有路還是無路，都有一定的意義。而「路」是通道和途徑，它可以代表多重意思，例如如果家與外界有路相通，可能代表作者渴望與外界溝通；如果路通向遠方，則可能表明作畫者有可能實現自己的目標。

圖一：石頭砌成的家

這是一位17歲的女中學生所作的畫。據她自己介紹說，她畫出的山是翠綠色的，山上長滿了樹；在山腳下有一個用石頭砌成的小屋，屋的旁邊還有一架正在轉動的風車。相信看到這樣簡潔、素樸、明快的圖畫，誰都會發自內心地喜歡。但是，用灰色的石頭砌起來的小屋，則會給人以清冷和孤寂的感覺，而且門前的小路並沒有透過柵欄延伸到遠方。我們可以據此推測出，在人際交往中作者渴望與人簡單相處，但總是難以打開自己的心扉。因此，別人也很難瞭解到她的內心。不過她正在試圖

解決這個問題，找一條通向外界的路。

圖二：雪地裡的家

　　這是一個12歲的女孩子所作的畫，我們很容易就可以看出這是一幅冬天裡的場景：徐徐飄落的雪花，白雪皚皚的大山，孤寂清冷的雪人，稀稀落落的腳印鋪就的路，以及山腳下孤立的小屋。因此，我們可以推測出，在作者的世界裡缺少關愛和溫暖，使她一直感覺自己的生命裡過的都是冬天。導致作者有這些情緒的原因，可能是她的家庭缺乏關愛，或者是她的生命中曾經遭受了什麼重大的打

擊，但是她又不知道找誰傾訴自己的苦惱，怎麼調節自己的情緒。

圖三：城堡似的家

這是一名19歲的大學一年級女生所作的圖畫，她說她畫的主題是「溝通」。從畫中我們可以看出，遠山的前面，是一座類似城堡的別墅，緊閉門窗的別墅被草坪包圍，但是前面卻有一條寬闊、平坦的大路，順著路走到別墅前面，再爬上高高的臺階，才能走到別墅門的前面。根據圖畫，再結合作者是一名剛剛踏進大學校門的女生，我們不難推測

出，作者渴望與人溝通，但是陌生的環境又使她緊閉自己的心門。建議她不要被動地等待別人來敲響自己的門扉，因為與其等待不如自己主動出擊，敞開自己的門扉，豐富自己的內心世界，方可獲得主動與人交往的能量。

圖四：白領女性的家

這是一位25歲的白領女性所作的畫。從開著的屋門和窗戶可以知道房子裡面住著人，而且門前有正在晾衣服的女人，因此畫面十分有家的氣氛，我們據此也可以推測出作者是一個很在乎家的人。畫

那些之瘋狂的愛情心理測驗
令全世界女人

面中有一條通向家的小道，說明作者希望有人來，也在一定程度上影射了作者的寂寞。另外，我們可以全面地來觀察一下這幅畫，不難發現，畫的整體氣氛很和諧，但是整個畫面上卻只有一個人，未免給人一種很孤獨的感覺，也正影射出了這位白領女性內心的寂寞。因此，從整體來推測，可能是這位女性找不到未來努力的方向，看不到未來的路，所以內心很迷茫、很無助吧！

愛情筆記本

2

他是不是妳的 Mr · Right

　　執子之手，與子偕老。不管妳是否相信緣分，妳肯定渴望遇到那個能夠與妳共度一生的Mr · Right。妳會對誰一往情深，妳心目中的白馬王子又是什麼模樣？他是個活潑開朗的陽光大男孩，還是穩重成熟、彬彬有禮的紳士？妳會在街角的拐彎處遇見他，還是他會出現在妳常去的咖啡廳？妳肯定很渴望知道這些問題的答案吧，那麼，就動一下妳手中的筆，來做下面的測試吧！

看顏色，知戀人

在妳想像中，心目中的白馬王子一定在腦海中出現很多次了吧？從外表，到內涵，甚至包括你們第一次見面的場景，以及他的穿著打扮，妳是不是也都構思過？那麼，現在妳再來想像一下，妳和他第一次見面時，他衣服顏色的主打色會是哪種顏色呢？

Ⓐ 黑色

Ⓑ 白色

Ⓒ 藍色

Ⓓ 紅色

Ⓔ 灰色

選擇A：

黑色代表沉穩、大氣，而且黑色往往能夠給人

帶來豐富的想像力。身著黑色，幾乎可以出席任何場合。所以，妳心目中的戀人會是充滿想象力、富有浪漫情懷的詩人或者藝術家，他總能夠給你們的戀情製造一些妳意想不到的驚喜和浪漫，而妳也會慢慢陶醉在這些驚喜和浪漫之中。

選擇B：

白色代表純潔，也在一定上代表妳渴望得到一份純潔無瑕的浪漫愛情。在妳的想像中，終有一天，身著白色禮服，高大英俊的王子肯定會邀妳共赴異常盛大的舞會。但是，這可能只是妳的一個夢想，現實生活中的妳，在愛情的道路上屢受挫折。

選擇C：

藍色代表休閒和溫馨。在妳的心目中，白馬王子不需要很有錢，如果他能夠早上陪妳一起晨練，晚上和妳一起在夜色中散步，週末的時候能陪妳逛街或者出外遊玩，妳就會心滿意足。

選擇D：

紅色代表熱情。一般來講，妳喜歡那些交際中

表現活躍的男生，因為他往往會帶給妳一些妳從來沒有感受過的驚險和刺激。

選擇E：

灰色給人的感覺是冷，意為低調。妳不會刻意要求妳的戀人有多出色、多優秀，只要他平平安安、快快樂樂，就是最大的幸福。他之所以會吸引妳，可能是因為你們兩個有很多共同的愛好吧！

妳和他將會在哪裡邂逅呢？

在妳心裡，是不是無數次地想像過妳和他邂逅的地點？是在夕陽之下的海灘邊，是在放著懷舊音樂的咖啡廳，還是他本來就在妳的身邊？緣分最終會讓你們在哪裡邂逅呢？想像一下，如果讓妳選擇一件禮品送給從沒謀面的貴賓，妳會選擇贈送他什麼呢？

Ⓐ 限量版的CD

B 名貴的巧克力

C 自己設計的賀卡

D 一套世界名著

選擇A：

妳是一個喜歡自由的女子，不希望受到現實生活的羈絆，同時妳對自己的生命品質要求很高，可以説，妳帶有一些生活情調。所以，妳可能會在街角的咖啡店或者是有品味的精品店邂逅自己的白馬王子。

選擇B：

妳還是一個甜甜的小女生，對愛情充滿了太多幻想和期待，總認為自己是童話中的白雪公主。因此，充滿歡聲笑語的遊樂場可能是妳和夢中情人邂逅的地點。

選擇C：

妳一直都是一個乖乖女，從來不會違背父母或老師的意願去做一些事情。其實，妳的他就在妳的

身邊，說不定他就是那個鄰家哥哥，也可能是班裡那個經常給妳獻殷勤的陽光大男孩哦！所以，多注意觀察一下，說不定妳就會和身邊的他擦出愛情火花了呢！

選擇D：

妳具有典型的學院氣息，在看書學習之餘，妳渴望一抬眼就看見心中的那個他。妳心裡一定渴望邂逅那個在圖書館裡伸手與妳去拿同一本書的男子吧！

他是妳的白馬王子嗎

一次外出旅行，不小心走進了一座原始森林，周圍傳來了各種動物的叫聲，妳覺得非常恐懼。恰在這時，在妳前面不遠處有一隻動物走過，憑直覺，妳認為它最可能是什麼動物呢？

A 一條靈活機警的蛇

B 可愛的小浣熊

C 一頭兇狠的野狼

D 乖巧的小松鼠

選擇A：

蛇是智慧的代表，而且靈活機警。選擇蛇的女孩子，往往比較欣賞思維敏捷、睿智的男人。因為妳希望能夠從他身上學到為人處世的技巧和智慧，而且希望透過他來提升自己，並能夠與他長期做精神上的伴侶。

選擇B：

浣熊是比較乖巧溫順的。選擇浣熊的女孩子，希望能夠找到一位溫柔體貼的男子，妳渴望他常常會帶妳去遊樂場，感受童話般的樂趣。最重要的是，妳希望他能夠包容妳所有的缺點和不足，並主動關心發生在妳身邊的每一件事。

選擇C：

野狼是兇狠的，是桀驁不馴的。生活中的妳，

渴望自己的戀人擁有非常獨特的氣質，最重要的是外型、表情一定要「酷」。如果有機會遇到這樣的男子，妳一定會窮追不捨，不追到手，決不甘休。

選擇D：

小松鼠會帶給人精靈活潑的感覺。做出這種選擇的女孩子，肯定是超級喜歡開朗活潑的大男孩，而且妳希望這種類型的男孩子能夠在妳心情鬱悶的時候想辦法讓妳的心情變得好起來。

一封信測出他的喜好

古語云：「士為知己者死，女為悅己者容。」和他在一起時，妳一定會想自己到底是不是他喜歡的女子呢？怎麼樣才能取悅他呢？因此，不妨拉著妳的他，讓他來做下面的這個測試。

假設某天他收到一封信，可能是一封密函，也可能是別人寫給他的情書，總之，不可以讓妳看到。這時，他可能會選擇把信藏在哪裡呢？

A 書本裡

B 衣櫃中

C 相框後面

D 床褥底下

E 食品盒裡

選擇A：

　　書本是智慧和知識的象徵，假如他選擇把信放在書本裡面，代表著他喜歡見多識廣、通情達理的女孩子。一般來講，他自身就充滿著求知欲，因此他渴望自己的另一半也是如此，這樣兩個人才能夠在精神上進行溝通和交流；另外，讀書的女子一般都通情達理，善解人意，這點也正是他喜歡的。所以，如果妳在這方面欠缺的話，趕快去彌補吧！

選擇B：

　　如果他毫不猶豫地就選擇將信藏在衣櫃中，則代表他喜歡乾淨整潔的女孩子，他可能不會要求妳打扮得多時尚，但是必須素淨，一看就是一個很注

重自身形象的女孩子。所以，如果妳不修邊幅，也不注重自己的外在形象，他可能就會很討厭妳的。

選擇C：

選擇把信藏在相框後面的男人，往往對藝術有著極高的興趣和造詣，所以他也希望他的另一半能夠與自己分享。所以，妳不妨多參加一些藝術活動，來提高自己的藝術品味，這樣才能夠更加吸引他的目光！

選擇D：

選擇這個選項的男人，在生活中往往處於被動的地位，但是他卻喜歡在各方面都較為主動的女孩子。因為床褥是較為私人的物品，代表著他不習慣與人分享他的心事，但是它內心卻渴望有人能夠走近他、理解他。

選擇E：

假如他會把信放在食品盒裡，就代表著他是一個頗為保守的男人，做什麼事情都求一個「穩」字，如果計畫不周全，他是不會行動的。但是，他

喜歡對飲食頗有研究的女孩子，最好會做也會吃。

如何讓喜歡的他「上鉤」

如果妳無意中知道暗戀很久的男孩子喜歡妳的一個好朋友，而且他想讓妳幫忙說服妳的朋友去接受他。這時，妳會怎麼做？

Ⓐ 讓他知道妳對他的心思，也讓他知道妳的落寞和傷心

Ⓑ 裝作若無其事、很大方的樣子

Ⓒ 和他保持一點距離，把對他的感覺放進心底，成為一個祕密

Ⓓ 仍像以前一樣去喜歡他，必要的時候還是會幫助他

選擇A：

妳肯定是個大小姐。只要對方足夠愛妳、疼

妳，就算他有大男子主義，妳也能夠接受。遇到喜歡的人時，可以多撒撒嬌，故意找他幫忙或是和他做一些他喜歡做的事情，然後找機會謝謝他，約他出來看電影或者吃飯，適當加一些甜言蜜語會更好。

選擇B：

妳是一個成熟穩重的女子，將來肯定是賢妻良母。在事業中，妳出類拔萃，多居領導地位，不輕易服輸，有時候得罪朋友也不知道。要想吸引意中人的目光就需要讓他注意到妳的清晰頭腦，並且多瞭解男生的話題，最好先由無話不談的朋友做起，然後等他上鉤！

選擇C：

妳是一個能夠與人和睦相處的女子，有著良好的人際關係。在戀愛方面，妳的自尊心特別強，而且有著很好的耐力，因此，如果遇到自己心中的白馬王子，最適合採用的方法是有條不紊地展開攻勢。可以先瞭解他的基本資料，然後結識他的朋

友，同時表現出他喜歡的一面。

選擇D：

妳是一個充滿魅力的女子，十分完美。但是，有的時候妳會有一點小馬虎。如果遇到妳喜歡的男子，建議妳適當露出一點缺點，適當裝笨，因為很多男生都有大男人心態，妳太十全十美，他們反而會望而卻步。

妳相親的成功率有多高

物質化的今天，能擁有一份真誠純潔的愛情好像變成了一件非常奢侈的事情。而且很多人認為，相親早已經過時，無法找到自己的真愛。其實，任何時候愛情都是屬於一些有準備頭腦的。那麼，妳是否適合在月老紅娘的牽引下，尋覓出自己今生的有緣人呢？不妨來測一下。

1、妳和朋友約好了去看魔術表演，結果馬上就

要開場了他還沒到。在妳不斷張望時，前面有個陌生人向妳徑直走過來，妳覺得他可能是：

A 魔術表現者(2分)

B 可能是認錯人了(1分)

C 精神病患者(0分)

2、進了表演大廳，妳發現：

A 座位號是雙號(3分)

B 座位號是單號(1分)

C 竟然發現自己的票掉了(0分)

3、在演出的過程中，魔術師請觀眾上臺協助表演，妳認為誰最有可能上臺：

A 小孩(2分)

B 老人(1分)

C 青年（0分）

4、妳沒有想到，戴著面具的魔術師竟然讓妳與他一起表演。妳認為他最有可能給妳的道具是：

A 一件上衣（2分）

B 一頂帽子（1分）

C 一隻鴿子（0分）

5、你們一同表演時，魔術師變出了一樣東西，妳認為最大的可能是：

A 什麼都沒有，而且妳的髮夾不翼而飛（2分）

B 一副撲克牌（1分）

C 一群美麗的鴿子（0分）

把妳各個選項的得分相加起來，便是妳的總得分。

10分以上：

妳相親的成功率高達70%

一般來講，妳對相親並不熱衷，妳認為只有透過自然而然地交往，才能夠尋覓到自己的真愛。所以，相親時妳會對對方非常坦誠，而且還可能會流露出一種可愛的、慵懶的、別具一格的嫵媚氣質，讓對方感覺跟妳在一起很舒暢、自然，難免會對妳產生好感。因此，只要情緣有益，妳可以稍加努力，這未嘗不是一件好事。

5～9分：

妳的相親成功率為50%

一般來講，如果遇到自己喜歡的人，妳會幻想著如何與他接近，但是妳只是想一下，很難付諸實際行動。這樣一來，就很容易和對方產生一定的距離。在妳的猶猶豫豫、左右徘徊中，妳可能失去了向他表白的最後機會，他可能就會成為別人的情郎。因此，心動不如行動，好好把握機會吧！

0～4分：

妳的相親成功率為30%

妳生性急躁，缺乏耐心，因此並不太適合相親。不過，妳會認真地對待每一個相親的對象，因此每一次相親時，妳都會對自己的穿著打扮、言行舉止十分在乎，希望能夠以此牽動對方的眼球。其實，妳主要原因在於自卑，只要妳對自己多一點信心，他離去的腳步可能就會在妳身邊停留。

邱比特之箭會繞過誰

到朋友家做客，午飯之後，為了打發閒暇的時間，有朋友提議要小賭一把。這時妳會選擇哪一種方式？

Ⓐ 打撲克

Ⓑ 打麻將

Ⓒ 擲骰子

Ⓓ 大富翁

選擇A：

妳最討厭那些沒有責任感的男人。可以說，妳本身就是一個責任感極強的女子，不管是對自己還是對別人，妳都會盡到自己應該盡的那份責任，決不會逃避和推託。因此，妳會自然而然地要求妳的另一半負有責任感，否則，妳會離他遠遠的，唯恐避之不及。

選擇B：

天生條件太差勁，尤其是很難養眼的男人會讓妳第一眼就排斥。可以說，妳是典型的以貌取人。如果對方風流倜儻，英俊瀟灑，則往往會吸引妳的目光；反之，如果對方長得實在太抱歉，妳看都不會看一眼的，更不要提和他交往。

選擇C：

性愛技巧太遜色的對象會讓妳覺得無奈而排斥。不可否認，妳認為愛情是每個女性生命中最重

要的東西，但是如果缺少性愛，就如同是感情中缺少了潤滑劑，所以，如果對方的性愛技巧太過於遜色，即使他的其他條件再好，妳也很難能夠接受。

選擇D：

妳最討厭那些滿嘴油腔滑調的人。相對而言，妳比較中意那些真誠的人，儘管他可能不會說甜言蜜語，但會給妳足夠的安全感。而且妳個性坦率單純，認為感情世界越簡單越好，這樣反而會是最甜蜜的。妳最不能忍受的就是複雜的感情關係。

撕開白紙看他是什麼樣的人

儘管你們已經交往很久，但是妳可能仍會在心底問自己：「他到底是一個什麼樣的人呢，有多喜歡我呢？」那麼，不妨來測試一下。妳可以將一張白紙交給心儀的他，並叫對方將其撕開。透過看對方撕紙的情況，就可以觀察出他是一個什麼樣的人？

Ⓐ 不準備把紙撕開的人

Ⓑ 將紙平均撕成兩半的人

Ⓒ 在紙的一端撕下一小部分的人

Ⓓ 將紙分成三到四份的人

Ⓔ 將紙撕成很多碎片的人

選擇A：

他可能是一個不太懂得表現自我的人，難免會對妳流露出一種漠不關心的神態，但是在他的內心，對妳是非常憐愛的。因此，妳不要一味地否決對方對妳的愛，要給他一個機會，並引導他學會表達。

選擇B：

對方的個人意識比較強，他認為兩個人在一起，不應該相互依賴，即使是女性，也不應該依賴自己的丈夫。相對來説，獨立的性格比較適合他。

選擇C：

他是一個忌妒心比較強的男人，而且多疑。如

果妳和他已經確定了戀愛關係，妳可能會發覺，即使是妳和妳的同學或者朋友在一起，他也會顯出強烈的忌妒心，而且會對妳的忠貞表示懷疑。

選擇D：

可以肯定，這是一個對妳忠貞不渝的男子。即使你們天天在一起，他也會每天晚上給妳打電話，如果沒有什麼要緊的事，他會像糖一般黏著妳。但應該注意，甜蜜的背後，請儘量自設私人空間。

選擇E：

他是一個超級花心的人。他將白紙撕成很多碎片，代表著他的心有很強的佔有欲，而碎片代表女孩子的數目，也在某種程度上代表著他花心的程度。

他值得妳託付一生嗎？

妳是否正打算和心愛的他共同走進婚姻的殿堂呢？那麼，妳心中是否會想，他值不值得我託付終

身呢？不妨來做下面的這個測試。

妳和男友去逛公園，在公園的門口，一個打扮時髦的女孩一直看著妳的男朋友微笑，並且還和他揮手打招呼。可是妳的男朋友告訴妳說，他實在記不起這個女孩是誰了，這時他的心裡會認為發生了什麼事？

Ⓐ 可能只是她認錯了人而已

Ⓑ 可能是剛才丟了什麼東西，被她撿到了吧

Ⓒ 反正我不認識，而且她可能不是什麼好女孩子

Ⓓ 她搞不好是個星探呢，正好發現了我

選擇A：

他可能不是太體貼的，但是絕對是個負責任的好丈夫。但是他可能會存在一點大男子主義，決不肯去做洗衣刷碗之類的事情，即使是在妳生病的時候。不過，他會毫無怨言地為妳處理一些對外的麻

煩事。

選擇B：

他是一個事事都非常順從妳的男子，但是不管在什麼方面，總是比較被動，只有在妳的指點或者命令之下，才會想起去做某些事情。

選擇C：

他絕對是世界上最好的丈夫，在生活中會把妳照顧得無微不至，而且還會努力賺錢養家。他認為好男人絕對不會讓心愛的女人受一點點傷。這樣絕版的男人，妳一定不要錯過哦！

選擇D：

他是一個自信心很強的男子，但是因為習慣妳的照顧，他可能不會幫妳做任何家務。不過，在其他方面他很體貼、很合格，心思也很細膩，例如，他可能會在回家的路上給妳帶一些妳最喜歡吃的巧克力。

為什麼他還沒有出現

妳是不是一直都很期待他的出現，卻始終未能如願。那麼，是什麼原因造成這種結果的產生呢？不妨來測試一下。

1、妳平時是否喜歡吃零食？

A 我的嘴巴幾乎沒有閒過

B 偶爾，因為我擔心自己的身材會走樣

C 很少，我不怎麼喜歡吃零食

2、如果有機會，妳會選擇做那個故事中的女主角？

A 白雪公主

B 灰姑娘

ⓒ 睡美人

3、妳平時對美容方面的雜誌感興趣嗎？

ⓐ 十分感興趣，經常買回來看

ⓑ 偶爾會翻看一下

ⓒ 基本不看這類書籍

4、妳是否找過專門的設計師來設計髮型？

ⓐ 經常如此

ⓑ 很少，大多只是燙染而已

ⓒ 沒有，只要整理整齊覺得好看就可以了

5、妳通常喜歡怎樣佈置自己的臥室？

ⓐ 亂亂的可愛的小窩

ⓑ 喜歡用單一色系來佈置

C 乾淨、整潔

6、妳覺得自己是一個很喜歡花錢的女人嗎？

A 自己是個典型的「月光公主」

B 偶爾會亂花錢

C 不是，我對金錢有著很好的計畫

7、妳覺得找多大年齡的男朋友比較適合妳？

A 比我小的，這樣可以不用被他管

B 比我大的，會感覺比較安全

C 大小無所謂，關鍵是兩個人彼此相愛

8、妳平常喜歡運動嗎？

A 喜歡，經常會去健身房

B 偶爾會去操場打打球

C 不喜歡

9、學生時代妳是否有外出打工的經驗？

A 有，經常會參加一些促銷活動

B 有過做家教和代課老師的經歷

C 沒有

10、如果妳突然中大獎了，妳會怎麼花掉這筆錢？

A 買很多很多自己想要的東西

B 捐給慈善機構

C 不知道怎麼處理，找朋友想辦法

選A得1分，選B得3分，選C得5分，根據妳的選擇計算妳的總得分。

41～50分：

妳總是認為自己是一隻醜小鴨，嚴重缺乏自信，因此往往失去很多結識異性的機會。

31～40分：

妳本人喜歡做作，在他人看來，妳的表現帶有一定程度上的虛偽性，因此常常會使異性對妳敬而遠之。

21～30分：

生活中的妳太過於矜持，總希望心儀的他大方一點，主動一點，自己往往處於被動的地位，給人很冷的感覺，他也因此感覺不到妳的溫暖。

10～20分：

妳是一個眼光極高的女子，總是覺得自己會遇到一個各方面都非常優秀的男人，因此在妳不斷地挑剔中，他們也不斷地從妳身邊溜走。

青春痘占卜愛情

正處於妙齡青春的妳，突然有一天照鏡子時發現惱人的青春痘又出來了。有研究者發現透過青春痘是可以預測愛情的。仔細看一下，妳臉上的青春痘長在什麼位置？

Ⓐ 鼻樑上

Ⓑ 眉毛間

Ⓒ 眼睛旁

Ⓓ 鼻頭上

選擇A：

妳的愛情運勢不佳。鼻樑上出痘子，代表身體狀況不太好，說明妳這段時間特別容易疲勞。同時妳的愛情運也不太好，即使妳對自己喜歡的人表白，也可能會遭到拒絕。建議妳先把自己的身體養好。

選擇B：

妳現在處於戀愛最佳期。眉毛間的青春痘代表

相思。此時如果妳正在戀愛中，則你們的愛情會特別甜蜜；如果還是單身，此時向意中人表白則是最佳良機。

選擇C：

妳將會得到幸福的愛情。此時，如果有朋友向妳介紹對象，由於妳的態度積極，妳可能會得到幸福的愛情。如果下巴能夠再長出一個青春痘，則代表你們的愛情會更深刻、更甜蜜。

選擇D：

代表妳在愛情中容易被人欺騙。鼻子上長青春痘則代表在愛情中妳很容易上當受騙，被並不適合妳的異性引誘，妳可能向來討厭他，但是此時會退而求其次地接受他，但之後隨著你們之間出現的問題越來越多，妳可能就會後悔自己當初的選擇。

如果一星期有八天

先人把一星期制定為七天，現在如果有一個機

會，讓妳增加一星期的天數，妳最想增加的是星期幾？

Ⓐ 星期日

Ⓑ 星期五

Ⓒ 星期三

Ⓓ 星期一

選擇A：

妳是典型的愛情至上派。對妳來說，工作是生活中可有可無的事情，如果必須得做，也是迫不得已，為了謀生。而愛情則是生命中的全部。但是要明白，感情不能當飯吃，畢竟生活中沒有了麵包，愛情也是不能夠堅持多久的。

選擇B：

妳是典型的愛情和工作兼顧派。妳喜歡有規律的生活，認為愛情和工作在生命中缺一不可。因此，在妳的人生規劃中，妳將愛情和工作放在同等

重要的地位，不會顧此失彼。

選擇C：

在愛情和工作之間，妳搖擺不定。在妳的生命裡，如果愛情來了，妳就會奮不顧身地撲過去，一旦愛情消失了，妳可能會選擇把更多的精力投入到工作中去。

選擇D：

妳是一個典型的工作至上派，為了工作妳甚至可以選擇放棄愛情。因為星期一是很多人最頭疼的一天，妳選擇增加這天，則代表在愛情和工作之間，妳覺得工作能夠給妳帶來很大程度上的安全感，而愛情則是可有可無。

誰是令妳傾倒的男孩

假設有一天早上，妳起床後扭開水龍頭，發現流出來的水的顏色十分奇怪，妳認為會是什麼顏色？

Ⓐ 黃色

Ⓑ 白色

Ⓒ 紅色

Ⓓ 綠色

選擇A：

　　妳比較青睞那些情緒化的大男孩。妳是一個具有強烈母性的女孩子，雖然情緒化的男孩子多會讓人抗拒，但是對妳來說卻具有一份特殊的魅力，而且妳會發揮妳的母性本質來安撫他，如果能夠做到這一點，則會給妳帶來很大的滿足感。

選擇B：

　　妳比較鍾情那些一本正經的成熟男人。對妳而言，花言巧語只能騙得過一些青春期的小女孩，而坦蕩、成熟、一本正經的男人才會給妳帶來很大程度上的安全感，即使他有時候會比較木訥，但是他的真誠和坦蕩，會讓妳對他死心塌地。

選擇C：

熱情活潑的男孩往往是妳的首選。妳肯定是一個非常內向害羞的女孩子，妳渴望改變自己的這種狀態，因此熱情活潑的男孩子便是妳的首選。同時，這類男孩大多豁達樂觀，不會斤斤計較，妳也非常迷戀他這一點。

選擇D：

妳比較喜歡沈默的男孩子，因為這類男孩子會帶有某種神祕感，而妳又喜歡發掘人的本質。對妳而言，他的這種沈默和神祕可能會讓妳神魂顛倒。

妳的他是一個什麼樣的人

情人眼裡出西施，在妳的眼裡妳的那個他一定是最完美的。不可否認，當你們相處的時候，當你們約會的時候，他一定在妳面前展示一個最完美的他，這樣的假像往往會蒙蔽妳的眼睛，使妳認識不到一個真實的他，等到結婚以後，妳才發現，他身上有著很多妳不能接受的缺點和毛病。所以，在結

婚之前，妳一定要瞭解一個真實的他。那麼，如何瞭解呢？不妨從人的習慣動作觀察起，因為「管中窺豹，可見一斑」。

1、在吃飯之前，他會擺筷子嗎？

Ⓐ 不一定（3分）

Ⓑ 會（5分）

Ⓒ 拿起來就用（1分）

2、他在吃飯的時候挑食嗎？

Ⓐ 不太清楚（3分）

Ⓑ 從來不（5分）

Ⓒ 會（1分）

3、吃東西喝東西的時候，他會

A 慢條斯理(1分)

B 迅速解決(5分)

C 正常速度(3分)

4、他喝酒的時候有什麼特殊的習慣嗎？

A 沒有(3分)

B 發出很響的聲音(5分)

C 慢慢地喝(1分)

5、喝咖啡或紅茶時，他放糖或放奶粉的方法是什麼？

A 放很少(1分)

B 不太清楚(3分)

C 兩樣都加很多(5分)

6、在飯店付帳時，他從哪裡掏出錢？

A 從長褲的口袋中拿出錢包(3分)

B 從胸前口袋的皮夾中拿出(5分)

C 找了很久之後才找到(1分)

7、他口袋裡的香煙是什麼牌子的？

A 沒有(1分)

B 國產香煙(3分)

C 進口香煙(5分)

8、面對無聊的騷擾，他會：

A 發火(3分)

B 問清楚(1分)

C 不理會(5分)

9、他內心的情緒會寫到臉上嗎？

A 不會表現出來(1分)

B 不會特別表現出來(3分)

C 立刻表現出來(5分)

10、一聽到走路的聲音,妳就知道是他來了嗎?

A 他的走路聲音很大,很有個性(5分)

B 沒有什麼特殊之處(3分)24

C 走路一點聲音也沒有(1分)

11、與別人說話時,他的手通常會放在什麼地方?

A 在背後(5分)

B 手在胸前交叉(1分)

C 弄口袋裡的東西(3分)

12、一起並肩走時，他的手會怎樣？

Ⓐ 有時會碰觸妳的手（5分）

Ⓑ 除了手之外，身體他都會碰觸（1分）

Ⓒ 完全不會碰觸妳，或不知道（3分）

13、在等公共汽車時，他的手通常會怎樣放？

Ⓐ 手放在臀部附近（3分）

Ⓑ 平行放下（5分）

Ⓒ 雙手交叉放在胸前（1分）

14、他坐椅子時的樣子？

Ⓐ 靜靜地、慢慢地坐下（1分）

Ⓑ 沒有什麼特殊之處（3分）

Ⓒ 發出聲音才坐下（5分）

15、坐在椅子上，他的腳會怎樣放？

Ⓐ 兩腿合併（3分）

Ⓑ 兩腿張開（5分）

Ⓒ 蹺著腳（1分）

16、與別人說話時，他的頭通常會怎樣？

Ⓐ 習慣性地斜向一邊（1分）

Ⓑ 平視前方（5分）

Ⓒ 會低頭（3分）

17、與別人談話時，他的眼神通常會怎樣？

Ⓐ 凝視對方的眼睛（1分）

Ⓑ 有時會閉上眼睛（5分）

Ⓒ 看向別處（3分）

18、他的笑有什麼特點？

Ⓐ 爽朗的笑聲（5分）

Ⓑ 不出聲的笑（3分）

Ⓒ 不經常笑（1分）

計算妳的總得分，對照是哪種類型：

18分～32分（A型）；33分～50分（B型）；51分～
70分（C型）；71分～90分（D型）。

A型：

衝動型，是非善惡，愛恨分明都明顯表現。他
對人的好惡非常明顯，遇到跟自己合得來的人，他
會對人家非常好；而遇到和自己合不來的人，他會
表現得非常厭煩。並且他非常容易受心情的影響，
只要一遇見不高興的事情，做什麼事情都會帶上情
緒。當然，在你們約會的時候，通常會以同事和工
作為話題，有時會突然想到某件事情而去打電話。

他非常有能力，卻運氣不好，但是他一直想要做出一番事業證明給妳看。他不太注意外表，但他會覺得人的內心才是最值得注意和讚賞的。

B型：

路見不平、拔刀相助型。只要看到別人遇到什麼麻煩，他一定不會袖手旁觀，和誰都能合得來，經常和朋友稱兄道弟，屬於八面玲瓏型。他很容易答應別人，但事後卻又往往沒有切實實行。每次和朋友同事聚會，他都會很熱情地幫忙組織參與，不過事後又喊好忙好忙。他很喜歡小孩，在大家面前牽女孩子的手他也會害羞。不管什麼事情，他往往考慮的比較簡單，沒有什麼心機。

C型：

孤高清傲型。他很可能是一個很優秀的人，會有很成功的事業。不喜歡華麗的東西，給人素淨的感覺，但是往往很頑固。對自己充滿信心，對別人要求也很嚴格。如果有什麼失誤，他一定不會原諒別人。他性格內向，頭腦很好，不喜歡平凡的

東西，希望能夠得到周圍人的肯定。他比較喜歡安靜，你們約會也多半喜歡去咖啡店喝咖啡，或是到比較清靜高雅的地方逛逛。

D型：

性格謹慎卻在感情上嚮往激情的雙重性格。他給人的第一感覺總是踏實可靠的，不管做什麼事情，都會考慮到別人的想法之後才行動。他絕對不會冒險，小心謹慎，在工作崗位上會受到老闆的信任和器重。他公私分明，不喜歡妳打電話到公司。

通常，他給人很老實的感覺，但是對喜歡的女性卻會很熱情，同時會把對方當聖母瑪麗亞般的理想化。上、下車的時候，他會很體貼地照顧妳，還會送花、寫情書。一般來講，他比較安靜，但只有兩個人的時候，他會暢談他的人生觀及將來的夢想，他會深情地看著妳，談他的過去。另外，他很容易對像自己母親及初戀情人的人一見鍾情。

愛情筆記本

3 妳和他的緣分有幾分呢？

柏拉圖曾經說過：「當愛神拍妳的肩膀時，就連平日裡那些不知道詩歌為何物的人，也會在突然之間變成一個詩人。」很多人都知道，緣分是可遇而不可求的。因此，緣來的時候，就應該學會好好地珍惜這份緣分；而一旦緣分盡了，也只能淡然地瀟灑地說聲「好走」。俗語云「百年修得同船渡，千年修得共枕眠」，在愛情中，妳與他的緣分又有幾分呢？

測一測妳和他的心理契合度

生活中，你們兩個是「心有靈犀」，還是他根本不懂妳的心？妳是不是一直在想你們兩個的心理契合度到底有多高？那麼，不妨來測試一下。下面的四個字當中，選擇一個在妳心目中與「雨」搭配最合適的一個字。

Ⓐ 雪
Ⓑ 雷
Ⓒ 雲
Ⓓ 霧

選擇A：

恭喜，你們兩個的心理契合度為90%。雖然你們在一起已經相處很久，但是你們並沒有因此產生厭倦感和疲憊感，相反，朝朝暮暮的相處，使你們覺

得兩個人已經是一個整體，密不可分，正如雨雪交融。

選擇B：

你們兩個的契合度為60%。妳和他可謂是一對歡喜冤家，可以說，即使你們兩個不在一起，如果能夠三天不發生爭執，也是一件罕見的事情。不過，你們兩個吵過架之後很快就會和好，你們的感情也是一樣，來去匆匆。因此，一定要避免在感情中發生衝突。

選擇C：

很遺憾，你們兩個的心理契合度僅僅有30%。可能是因為你們兩個在一起的時間太長了，以致雙方都太熟悉了，逐漸失去了開始的時候所具有的新鮮感。所以，你們現在需要做的是要想辦法給你們的生活注入新鮮的汁液，尤其是愛情，千萬不可讓它在日復一日中蒙上灰塵。

選擇D：

值得警惕，你們兩個的心理契合度只有10%。簡

單來說，可能是你們兩個之間出現了誤會，從而導致了某種程度上的信任危機，接下來將有可能導致冷戰。建議你們趕快調整這種狀態，如果實在不能夠改變，最好選擇早點分手。

你們在一起會不會幸福

你們是不是曾經許諾「山無陵，天地合，乃敢與君絕」？但是，如果真正生活在一起，你們會幸福嗎？是不是真的會像你們想像般的那麼美好？如果某天，男友邀請妳去看一場他心儀已久的電影，而妳已經和朋友約好要去參加她的生日聚會，此時妳會選擇？

A 參加朋友聚會，告訴男朋友這是很早之前和朋友約好的事情，不能反悔

B 去參加朋友的生日聚會，因為這個約在前

C 根據男朋友的誠意決定

D 先去參加朋友的宴會，早點回來和他去看電影

E 找個藉口推託朋友的邀請，和他一起去看電影

選擇A：

你們兩個之間的關係現在已經處於一種非常明朗化的狀態，但是有時候妳會感覺你們之間似乎還隔著一層若有若無的薄霧，雖然只是一步，但是相距卻很遙遠。其實你們有著堅定的愛情基礎，努力向愛情的頂峰前進吧！

選擇B：

可以說，妳現在是世界上最幸福的女人了，因為妳和他之間有著充分的理解和信任，不過如果能夠再努力一把，則可能會有更圓滿的結局。

選擇C：

最近妳是不是經常夢見桃花啊！妳現在有新的追求者，不管是明戀還是暗戀，他都會給妳帶來十

3 妳和他的緣分有幾分呢？

分愉悅的感覺。閒下來的時候，權衡一下利弊，思考一下自己跟誰會更適合。

選擇D：

妳似乎總喜歡做個愛情的旁觀者，不斷為他人的愛情或喜或悲。如果妳能夠保持一顆平常心，冷靜地處理感情上的問題，則能夠與他共同創造出屬於你們的幸福。

選擇E：

你們在一起過得實在是太辛苦了，妳現在身陷牢籠、為情所困，相信也一定是精疲力竭了吧？所以，不妨停下腳步，仔細思考一下妳身邊的這個人是否真的值得妳去愛。想通之後，妳自然知道應該怎麼做了。

妳的愛情倦怠期有多長

春夏秋冬，四季更替，草榮草枯，生生不息。在這個世界上，任何事情、任何事物都是有一定的

週期的。愛情也是一樣，時間久了，妳可能就會感覺到視覺疲勞，進而厭倦。不妨來測試一下，看看妳的愛情倦怠期有多長？如果已經臨近，及時採取措施常常可以挽救妳即將失去的愛情哦！

1、妳經常把零錢放進存錢筒嗎？

是的，前進至 ❸ 不是，前進至 ❷

2、即使熬夜妳也試圖保持自己光鮮亮麗的外表嗎？

是的，前進至 ❹ 不是，前進至 ❼

3、妳是不是很想或者曾經去過迪士尼樂園？

是的，前進至 ❻ 不是，前進至 ❺

4、妳喜歡的異性是不是大都屬於一個類型？

是的，前進至 ❼ 不是，前進至 ❻

5、妳是不是很久都沒有去過電影院了，只在家裡看一些租來或買來的片子？

是的，前進至 ⑨ 不是，前進至 ⑧

6、妳認爲妳和婆婆能夠相處得來嗎？

是的，前進至 ⑧ 不是，前進至 ⑨

7、妳會買一些以前從沒有吃過的食品吃嗎？

是的，前進至 11 不是，前進至 10

8、妳相信超能力嗎？

是的，前進至 12 不是，前進至 13

9、冬天，妳喜歡用電暖器嗎？

是的，前進至 12 不是，前進至 13

10、妳是不是認爲現代社會，愛情的忠貞已經落伍了？

是的，前進至 **13** 不是，前進至 **14**

11、最近妳是不是又認識了很多閨中密友？

是的，前進至 **13** 不是，前進至 **14**

12、妳的房間裡面是不是亂七八糟地塞滿了很多東西？

是的，前進至 **19** 不是，前進至 **15**

13、妳是不是保證內衣褲每天一定要換？

是的，前進至 **16** 不是，前進至 **15**

14、妳有沒有堅持記日記的習慣？

是的，前進至 **17** 不是，前進至 **16**

15、妳是不是經常穿一些比較休閒類的服裝，不願意穿那些正規的淑女裝？

是的， **Ⓐ** 類型 不是，前進至 **18**

16、聽歌時，妳是不是喜歡聽那些排行榜上的歌曲？

是的，前進至 **20** 不是，前進至 **19**

17、妳是不是有健忘症，常常丟三落四的？

是的， **E** 類型　不是，前進至 **20**

18、妳是不是很喜歡那些毛茸茸的布娃娃？

是的， **A** 類型　不是， **B** 類型

19、看一些推理劇時妳是不是通常都能夠找出兇手是誰？

是的， **C** 類型　不是， **B** 類型

20、妳很想學溜冰嗎？

是的， **E** 類型　不是， **D** 類型

A類型：

妳是一個情感細膩，觀察力敏銳的女孩子，別人舉手投足、一顰一笑都能夠感染到妳的情緒。在愛情方面，剛剛確立關係時，會認為對方是最完美的，等到結識半年左右，便開始難以忍受對方的缺點，只好選擇分手。

B類型：

妳是一個溫柔體貼的女孩子，而且對自己的各方面都十分自信，凡事喜歡用直覺判斷。選擇對象時，如果第一眼不喜歡，就很難再看他第二眼。愛情倦怠期大概在三個月左右。

C類型：

妳是一個安分守己的女孩子，不管是工作還是生活，妳認為穩定就好，不奢望出人頭地，也不奢望比別人過得好多少，認為平凡、穩定就是福。在感情方面，妳通常會找那些「一勞永逸」的人，希望能夠談一談戀愛就結婚，愛情倦怠期大概是兩年。

3

妳和他的緣分有幾分呢？

D類型：

生活中妳是一個十分聰明的女孩子，往往能夠從別人的眼神和語言中洞察人心，並博得別人的喜愛。和戀人相處時，往往他還沒有說話妳就知道他要做什麼了，是個典型的戀愛高手。愛情倦怠期不固定，往往會根據心情而定。

E類型：

妳是一個心地善良、樂於助人的女孩子，和妳相處，對方往往會感到很舒服。在感情方面，剛開始的時候妳會對愛情有著極大的憧憬，認為它會給妳帶來以往所沒有感受到的幸福和甜蜜，但久而久之，妳會對愛情逐漸冷卻。愛情倦怠期大概是一年。

你們的愛情為什麼只開花不結果

擦窗戶玻璃時，妳被一聲巨響嚇了一跳，發現是陽臺上的一盆花掉下去摔碎了。憑妳的直覺，妳

認為是什麼原因導致花盆掉下去的呢？

Ⓐ 是家裡養的那隻淘氣小狗

Ⓑ 被窗外的不明飛行物砸下來的

Ⓒ 是自己擦玻璃時不小心碰下來的

Ⓓ 被風吹下來的

選擇A：

選擇這個答案的女孩子大多比較有個性，且思想深刻。即使她很喜歡這個人，也可能會因為思想觀念不合而放棄對方。總而言之，愛情只開花不結果的最大原因是雙方「個性不合」。建議妳對對方多一點寬容和理解。

選擇B：

過分追求完美是導致你們愛情失敗的主要原因。在妳眼中，對方永遠達不到妳所要求的標準，所以多數情況下妳會選擇離開，而且不會告訴對方妳離開的原因。

選擇C：

給對方造成的壓力過大是導致你們愛情沒有結果的主要原因。不可否認，妳是一個很能幹的女性，而且樂於為對方付出。但是另一方面，妳總是渴望戀人能夠出人頭地，比身邊的人更出色，更優秀，這給他帶來極大壓力，他可能會為了逃避壓力而離開妳。

選擇D：

妳做事開明，為人和善。在妳看來，凡事發生必有原因，與其逃避不如面對現實，所以不管你們之間發生什麼事情，妳都會選擇透過和戀人溝通和交流來解決問題。說實話，如果能夠和妳這樣的女孩子生活在一起，實在是人生的一大幸事。

妳的愛情佔有慾有多強

春節來臨之際，走在大街上，妳發現不管是大超市還是小賣部，都在做各種促銷活動，於是妳也

在無意中加入了採購的大軍。逛完幾個商場之後，妳發現自己又累又渴，恰好妳面前的販賣部裡有三種飲料，妳會選擇哪一種？

Ⓐ 巧克力奶昔

Ⓑ 礦泉水或純淨水

Ⓒ 柳橙汁

選擇A：

妳的佔有慾極大，簡直無法用百分比來表示。一般來講，平時生活中妳並不會特別地渴望愛情，但是一旦妳品味到愛情的甜蜜時，妳會不管一切地去追求。

為了愛情，妳甚至可以付出自己的一切，並且妳也渴望能夠擁有同等的回報，如此一來，妳很容易給對方造成壓力，且兩個人都沒有活動的空間。建議妳放鬆點，這樣反而會達到「欲擒故縱」的效果。

選擇B：

妳的佔有慾高達95%。從表面來看，妳是一個溫柔恬靜、無慾無求的女孩子，但是在內心深處，妳則希望自己能夠控制住對方，內心也巴不得能夠天天黏著對方。妳的佔有慾極強，會在很短的時間內將對方套死。

選擇C：

妳的愛情佔有慾只有10%。怎麼說呢，妳對愛情並不特別在意，一旦嘗過愛情的甜頭，妳不會再去追求更多，而是選擇扭頭就走。和戀人相處一段時間後，妳可能會因為對他太過熟悉而選擇分開。

你們的戀情潛伏著危機嗎？

一直沉浸在熱戀中的妳，在某一天卻突然覺得戀人沒有以前對妳那麼熱情了，和妳說話有時候也會顯得不耐煩。當有這種情況出現的時候，妳會不會感覺你們的戀情潛伏某種危機呢？不妨來做一

下下面的這個測試。

1、你們在一起時，如果妳拒絕他的某項提議，他會不會不高興？

Ⓐ 不會

Ⓑ 沒有太注意過

Ⓒ 會

2、除了妳之外，男朋友還有比妳更出色的紅顏知己嗎？

Ⓐ 有，他們經常在一起

Ⓑ 不太清楚

Ⓒ 沒有

3、妳和他以及他的家人、朋友、同事能夠融洽相處嗎？

Ⓐ 關係不是太好

Ⓑ 一般

Ⓒ 相處的很融洽

4、你們曾經說過「天長地久，海枯石爛」之類的刻骨銘心的話嗎？

Ⓐ 從來沒有說過

Ⓑ 偶爾會說，但沒有這種感人

Ⓒ 說過

5、妳和他鬧警扭之後，他會找理由約妳出來玩嗎？

Ⓐ 從來不會

Ⓑ 記不清楚

Ⓒ 幾乎每次都會

6、每逢情人節或者妳的生日，他會送妳一些精緻的小禮物嗎？

Ⓐ 送過，但是我並不喜歡

Ⓑ 送過，而且我也很喜歡

Ⓒ 好像沒有

7、如果你們兩個一起上街，妳會突然間找不到他嗎？

Ⓐ 曾經有過這種情形

Ⓑ 記不清楚了

Ⓒ 沒有發生過

8、假如你們已經分手，他看到妳和其他的男孩子談笑風生，會不會很生氣？

Ⓐ 絕對不會

B 應該會

C 絕對會

9、假如妳和男朋友分手了，一次偶然的機會你們相遇，此時你們會？

A 他假裝沒有看到妳

B 妳會主動和他說話

C 他主動和妳打招呼

10、你們兩個的感情出現了問題，妳認為是他聽信了某些謠言造成的嗎？

A 不是

B 不太清楚

C 是的

11、你們在一起的時候，如果鬧了點小矛盾，

妳會說一些打擊他的話嗎？

Ⓐ 會

Ⓑ 不知道

Ⓒ 不會

12、你們一同外出時，他是不是對妳照顧得無微不至？

Ⓐ 從來不會

Ⓑ 記不清楚

Ⓒ 是的，經常如此

13、之前坐在公園的長椅上，你們之間是從來不放任和物品的，但是最後一次見面，他是否把隨身攜帶的雜誌或者飯盒放在你們中間了呢？

Ⓐ 是的

B 沒有注意

C 不是

14、妳和他聊天時，他會不會突然看著妳的臉發呆？

A 沒有過

B 記不清楚

C 經常有這樣的情形發生

15、他一直對妳的朋友、薪資等方面很感興趣，妳會都告訴他還是有所保留？

A 有所保留

B 視心情而定

C 全部告訴他

以上各題，選A得5分，選B得3分，選C得1分。

計算妳的總得分。

61～75分：

你們的緣分已經走到了盡頭，幾乎沒有迴旋的餘地了，不如好聚好散，各自尋找各自的幸福吧！

45～60分：

你們現在已經有很深的隔閡了，他心裡甚至已經有了分手的念頭。假如妳還想挽留這份感情，那就對他多一點溫柔和關心吧！

30～44分：

你們之間已經出現了矛盾，但是還沒有明朗化。如果妳認為自己不能失去他，那就找他開誠佈公地談一談，坦誠地交流和溝通之後，妳會發現你們的感情依舊是海闊天空。

15～29分：

恭喜，你們之間的感情很深，暫時還沒有出現任何危機。在你們相處的過程中，你們可能會產生一點小矛盾，甚至會大吵大鬧，但不管怎樣，他心

中依然在想著妳。適當地和他保持一點距離，反而會讓你們更加期待對方。另外，千萬要把握好眼前的這個男人哦，因為他很值得妳去愛。

密碼也會洩露妳的情感祕密

現代社會，每個人都有一大串的密碼，銀行卡要密碼，SIM卡要密碼，電腦需要密碼，電子信箱需要密碼……妳是如何設置自己的密碼的呢？它可是會洩露妳的情感祕密哦！

Ⓐ 生日或電話號碼

Ⓑ 身份證字號

Ⓒ 經常會讓它隨著心情的變化而變化

Ⓓ 誰也猜不出的奇怪組合

選擇A：

妳是一個很容易追到手的女孩子，在男生的眼

裡，妳的挑戰性並不強。因為看妳的眼神和表情，聽妳說話的語氣就知道妳心裡在想什麼。就算剛開始的時候不能，相處一段時間後也能把握得八九不離十。

選擇B：

這類女孩子警惕心比較高。所以要想贏得她的感情，最重要的一點就是一定要想方設法贏得她的信任。如果不能夠讓她產生信任感，即使追求者在其他方面做得很優秀，也不能夠獲取她的芳心。

選擇C：

這類女孩子的心思往往沒有規律可言，有的時候連她自己也不知道自己到底在想些什麼。所以對於一些追求者來說，今天非常有用的招數，明天可能就失效了。不過有一招比較管用，那就是以不變應萬變，這樣常常可以給她帶來某種安全感。

選擇D：

這類女孩子內心比較複雜，常常會出現一些稀奇古怪的想法，別人總是很難去猜透。如果想要把

她追到手，最有效的一招就是欲擒故縱。如果能夠時常讓她有新鮮感，或許會有很大幫助。

他對妳是否一心一意

男女之間的感情是一種非常微妙的感覺。身處其中的女性常常會懷疑對方對自己的忠誠度，懷疑他是否對自己一心一意。那麼，不妨來檢測一下，他是否把他的整顆心都交給妳了？

你們相處已經有很長一段時間了，每次和他一起出門的時候，他雙手都會？

Ⓐ 牢牢地牽著妳的手

Ⓑ 被妳挽住

Ⓒ 摟著妳的肩膀或者妳的腰

Ⓓ 插在自己的褲兜裡

選擇A：

他對妳的心絕對是百分之百的，甚至已經到了唯命是從的地步。毫不誇張地說，妳簡直是他心目中至高無上的女神，他甘心拜倒在妳的石榴裙下。不過他的嫉妒心比較強，需要小心才是。

選擇B：

在你們的愛情中，一直都是妳處於主動地位，但是這並不代表他不愛妳。在大家的眼中，你們是典型的模範情侶。

選擇C：

他對妳的佔有慾很強，目前對妳愛的是水深火熱，而且會主動對妳大獻殷勤。他的這種表現甚至會引起旁觀者對他的反感。但是妳很欣賞他，願意為他付出妳的一切。不過，需要提醒的是，小心慾望滿足之後，他會逃之夭夭。

選擇D：

其實在他的心中，更想與妳做回好朋友或者是紅粉知己。如果妳想進一步與他交往，就需要付出很大的代價，因為他甚至不能給妳名分。

他對妳的好感有幾分

　　一直以來，妳可能都在思考這個問題，即戀人對自己的好感到底有幾分呢？下面的這個測試可能會給妳某種啟示。很多時候，手的動作常常會給妳帶來某種暗示，比如妳讓對方觀察自己的手，此時他的態度是靦腆還是完全無所謂的樣子，這往往是判斷的一個基準。

　　告訴對方，人的手指間有兩個地方一碰就癢得不得了，現在讓他把筆放在妳的指頭之間，試試看會不會令妳發癢？這個問題的著眼點並不是將筆放在那個指頭之間，而是兩隻筆之間間隔幾個指頭？如果妳現在在咖啡廳或餐廳，也可用筷子代替筆。他可能會讓兩隻筆之間：

Ⓐ 間隔一隻手指頭

Ⓑ 間隔兩隻手指頭

ⓒ 間隔三隻手指頭

選擇A：

你們之間已經出現了某種戀愛的徵兆，你們彼此是非常欣賞對方的。但可能是因為你們之間並不熟悉，所以對方並不敢輕舉妄動。此時，如果妳能夠讓自己的態度緩和一下，自然就能把握住屬於你們的愛情。如果所間隔的是無名指，那麼妳更不應該有所顧慮了。

選擇B：

你們可能只能做好朋友。不可否認，你們在一起的時候相處得很愉快，但是你們之間的感情很難向戀人之間進展。但如果間隔的指頭中有無名指，尚有成為戀人的可能性，但也需要合適的機會來慢慢接近他。

選擇C：

很遺憾地告訴妳，你們之間真的是沒有緣分，即使是做朋友，也非常勉強。因為你們兩個的心距

離非常遙遠，即使妳努力去靠近，也很難達到目的。因此，趕快認清現實，用平常心來面對眼前的一切吧！

妳會搶好朋友的男友嗎

現實生活中，我們常常會聽到這樣的故事，有的女孩子和好朋友的男朋友相處久了，會日久生情。那麼妳會搶自己好朋友的男朋友嗎？假如妳最好的朋友戴了一對很有個性也很好看的耳環，此時妳會？

Ⓐ 告訴她，這對耳環更適合自己，讓她送給自己

Ⓑ 覺得實在漂亮，準備向朋友借過來戴幾天

Ⓒ 雖然覺得很好看，但是自己一直都不喜歡與別人戴一樣的耳環

Ⓓ 問她什麼地方買的，自己也去買同一款

選擇A：

可以肯定地說，妳是一個當仁不讓的競爭型女子，愛情方面也不例外。妳自身的條件比較優越，而且自己也有很強的自信，還懂得競爭的方法，因此常常是競爭中的勝利者。有的時候，妳為了達到自己的目的，會不擇手段。

選擇B：

在和朋友的戀人相處的過程中，妳會情不自禁地向他示好，雖然妳想控制住自己的感情，但是卻有心無力。如若時機到來，妳可能會把朋友的戀人據為己有。其實，妳的感情生活是很豐富的，他不一定最適合妳，妳可能會有更好的戀愛機會。

選擇C：

妳是一個隨遇而安的女子，什麼事情都不會與別人搶風頭，更不會去搶別人的伴侶，更何況是自己的好朋友的。在生活中，妳有自己獨特的品味，喜歡與眾不同，做事低調，會找一個與自己個性相投的伴侶，享受平淡的婚姻生活。

選擇D：

妳絕對不會去搶屬於別人的東西，即使自己很喜歡，也會把他放在心裡。不過妳可能會以他為標準，來找一個與他條件相似的戀人。而且妳知道什麼樣的戀人比較適合妳，所以妳一定會得到屬於自己的幸福。

妳能和相愛的人長相廝守嗎

可能妳還沒有遇見自己心目中的白馬王子，又或許你們現在正處於熱戀時期。但是，妳肯定想過這麼一個問題，自己能夠和心愛的人長相廝守、白頭到老嗎？做下面的測試，來預測一下吧！如果妳正在回憶過去點點滴滴美好的往事，突然發現一張已經泛黃了的照片。妳覺得照這張照片的時間是：

Ⓐ 繁花盛開的春天

Ⓑ 蛙鳴蟬叫的夏天

ⓒ 碩果累累的秋天

ⓓ 天寒地凍的冬天

選擇A：

你們的戀情即將進入白熱化的階段，雙方都互相具有好感，只要能繼續保持這樣的關係，你們很快會成為戀人。但若想白頭到老，就需要妳花費更多的時間和精力來經營。

選擇B：

你們彼此相愛，但是因為很多現實原因很難走進婚姻的殿堂，不過戀情卻在持續加溫中。只要不放棄，相信有情人會終成眷屬的。

選擇C：

妳和他之間似乎還缺少一點緣分，雖然你們極力想要走到一起，但是難免會遇到各種挫折。這些挫折反過來又會給你們的愛情重大打擊，之後你們可能會形同陌路。

選擇D：

簡單來說，妳和他就如同是兩條平行線，雖然相距不遠，但是永遠不會相交。即使妳花費了很多時間和精力去追求他，最後只能是徒勞無功而已。建議妳調轉一下方向，或許會遇見比他更適合妳的。

瞭解妳生命中的那個他

在生活中，妳一定遇見過雨過天晴的時候。那時候，妳和他一起並肩攜手回家或出門，很可能會碰見一大灘水，這時候，他會怎麼辦呢？沒有經歷過這種事情也無妨，可以根據他平時的表現，設想他的舉動吧？那麼，請在以下答案中選出適合他的一項，很快就能揭開謎底了。

Ⓐ 四處觀察，然後擇道而行

Ⓑ 頗有男子氣概的伸出雙手，抱著妳跨過水坑

⊙ 毫不在乎，各顧各地自己先走過去

⊙ 自己先跳過去，再回頭幫妳越過積水處

選擇A：

他是一個極為理性的男人。他會把戀愛當成考試，如果不及格，立刻會放棄這段感情，也因此錯過不少好女孩。此外，他也相當自負，總喜歡用一種居高臨下的姿態看問題，而且極為自私，喜歡享樂。

選擇B：

他是個可以為愛而犧牲一切的男人，值得妳全心全意愛他。不過他的激情很多時候只能保持三分鐘，來去匆匆，容易頭腦發熱。一旦對「舊人」溫情驟失，毅然而去。

選擇C：

他有著標準的大男子主義，什麼事情都是以自我為中心，很在乎戀人的忠誠。此外，這種男人要求他的愛人自立、自強，不僅聰明能幹，還要能充

分體貼、臣服於他。而且要以他為生活重心，照顧他的喜樂及生活起居上的享受。不過他有能力提供給妳物質上的享受。

選擇D：

他是個光明磊落、性格坦誠的男人，做事愛動腦子，力求完美，才幹出眾。與此同時，他不會刻意討好他人，但人緣極好。在愛情方面，他是個難得的好丈夫，但做情人時，未免少了一些情調。不過，他知道如何體貼愛人，而且盡職盡責，一旦愛上某個人，變心的可能性較小。

妳的結婚慾望強烈嗎？

現代社會，因為工作等各方面的原因，越來越多的人成為晚婚一族。但是有很多人還是渴望儘快踏上婚姻的紅地毯，那麼妳的結婚慾望強烈嗎？假設妳不幸患上某種不治之病，將不久於人世，為了不讓妳這一趟紅塵之旅有所缺憾，妳會怎麼辦？

🅐 好好待在家裡，享受天倫之樂

🅑 用筆寫下一生未盡的心願，希望以後會有人看到

🅒 痛痛快快地玩個天翻地覆

🅓 去自己曾經最想去的地方旅遊

選擇A：

妳姻緣將至，可能很快就會走進婚姻殿堂。妳是一個重視家庭、渴望親情的人，熱愛和諧美好的家庭生活。因此，妳是異性眼中最合適的結婚對象，況且妳心地純善、溫柔賢淑，會給別人帶來安全感。

選擇B：

婚姻在妳生命中有著十分重要的地位，妳認為只要有愛，就可以有一切。只要遇見一個對妳比較好的人，妳會感恩不盡，全力回報，甚至不惜以身相許，希望能同對方相伴終生。但是妳應該明白，他愛妳，並不一定會與妳結婚。

選擇C：

妳的結婚慾望並不強。愛情對妳來說必不可少，但是婚姻則是另外一回事。妳過慣了自由自在的生活，「一人吃飽全家不餓」正是妳最感灑脫輕鬆之處，因此，妳的潛意識裡並不渴望結婚。

選擇D：

妳對結婚一直持反對態度，其最大的原因是因為妳沒有遇到一個完全稱心如意的對象。另外，妳是一個虛榮心很重的女人，而且對戀人的要求很苛刻，如果戀人有某一點不合妳意，妳就會心存不滿。因此，妳很難找到適合自己標準的那個人。

情敵在不在妳身邊

面對自己心儀的男子，妳可能會考慮這麼一個問題：「這麼優秀的男人，會不會有很多女孩子喜歡他啊！」不妨回答下面的這個問題，妳可能就會知道情敵在不在妳身邊。

如果有機會當歌手，妳希望自己成為哪一類型的歌手？

Ⓐ 玉女歌手

Ⓑ 性感歌手

Ⓒ 前衛歌手

選擇A：

妳的情敵可能是清純型女孩兒。這類女孩子外表清純可愛，天真無邪，說話嗲聲嗲氣，但實際上這種清純很可能就是偽裝出來的，她的目的可能是為了吸引更多男孩子的目光。因此，假如妳的男朋友身邊有這種類型的女孩子的話，千萬要多加防範哦！

選擇B：

妳的情敵很可能是精明型的。妳是一個沒有任何心機的女孩子，總覺得有了男朋友便有了一切。但是，在一些精明能幹、聰明伶俐的女孩子面前，

妳可能便會黯然失色。因此，不但要看好妳的男朋友，還應該注意讓自己變得聰明點。

選擇C：

妳的情敵可能是「散漫型」的女孩子。在為人處事上，妳一直都保持一種嚴肅謹慎的態度，這很容易令那些自由散漫的女孩子有機可乘，因為她們能夠給男人帶來更多浪漫的感覺，包括妳的男朋友也難免會被她吸引。所以妳應該對症下藥！

4 愛情中，妳是哪種角色？

泰戈爾如是說：「愛就是充實了的生命，正如盛滿了酒的酒杯。」每個女人的生命中，都不能夠也不應該缺少愛情，否則她的生命會如同一口枯井，了無生趣。可是，面對愛情，妳是坦然以對，還是被它沖昏了頭腦？妳的愛情EQ有多高？妳在其中到底扮演一個什麼樣的角色？也許，測試會幫妳解開這個謎！

妳有多浪漫

妳是喜歡躺在柔軟的草地上享受陽光，還是喜歡漫步在沙灘上聆聽海浪的聲音，又或者是喜歡和戀人花前月下，卿卿我我。這些浪漫的細節是戀愛中不可缺少的調味品。有沒有問過自己，妳有多浪漫？測試過後妳自然就會知道。

1、妳會給男友送什麼樣的情人節禮物？

Ⓐ 一次浪漫的燭光晚餐

Ⓑ 一件他經常提起的運動上衣

Ⓒ 自己製作的一些精緻小玩意兒

Ⓓ 一本他渴望很久的書

2、男友希望和妳一起進行一次冒險旅遊，妳會？

A 準備看一下天氣和地理位置再做決定

B 猶豫，想不明白他想做什麼

C 很願意，恨不得立刻就去

D 不願意去，認為太危險了

3、妳比較喜歡男友送妳什麼樣的花？

A 999朵玫瑰

B 一束清新的雛菊

C 一些可放久一點的花

D 送花？早就過時了

4、男友為妳寫了一首情詩，妳認為

A 妳覺得自己太幸福了

B 天哪，這種甜蜜真讓妳陶醉

C 覺得神經有點不正常了

D 真是太庸俗了，讓妳覺得很搞笑

5、妳是不是經常生活在幻想的世界裡？

Ⓐ 是的，只有這時才會實現自己的夢

Ⓑ 偶爾會，但是妳知道那不是真正的生活

Ⓒ 很少，除非現實生活中遭受到什麼打擊

Ⓓ 不會，因為現實生活要比幻想還要美好

6、妳最反感什麼樣的男人？

Ⓐ 從來不在乎自己的外表，絲毫沒有品味

Ⓑ 不懂得甜言蜜語

Ⓒ 當著女朋友的面和別的女孩子調情

Ⓓ 從來不知道女朋友的感受

7、妳暗戀一個男孩很久了，會選擇什麼樣的方式來吸引他的注意力？

Ⓐ 邀他去看一場曖昧的電影

B 給他一封語言優美、感情真摯的情書

C 邀他一起去跳舞

D 託他的好朋友告訴他

8、仔細想一下，妳一共有過多少男朋友？

A 一個，一直相愛到現在

B 至今為止，一個也沒有

C 五個，這個數字好像有點誇張

D 記不清楚一共有多少個了

9、妳上次大哭是在什麼時候？

A 就在昨天，妳認為自己是水做的

B 幾個星期前，因為妳失戀了

C 在妳的印象中，不記得自己哭過

D 記不起來了

10、妳認為自己是一個什麼樣的人？

Ⓐ 富於幻想

Ⓑ 活力四射，充滿好奇

Ⓒ 鎮靜而謹慎

Ⓓ 瘋狂，且帶有一點兒野性

選A得4分，選B得3分，選C得2分，選D得1分。計算妳的總得分。

34～40分：

妳是一個懂得浪漫的女子，而且妳的愛人總是會因妳製造的浪漫氛圍而驚訝不已。可賀的是，雖然妳喜歡浪漫，但是妳本人並不會被甜蜜的語言和散發著芬芳的鮮花所蒙蔽。

25～33分：

世界上像妳這麼懂得浪漫的女子已經很少了。對於妳來說，生活中不能缺少鮮花、情書和燭光晚

餐，而且不管戀人的甜言蜜語有多肉麻，每次聽了妳都會心動不已。不過妳應該注意，小心被設計好的甜言蜜語所融化。

16～24分：

可以肯定的是，在內心深處妳是一個十足的浪漫主義者，但是妳卻害怕把它表現出來，生怕對方會不喜歡。其實，偶爾給戀人準備一份燭光晚餐或者送他一份小禮物，他會驚喜不已的。

10～15分：

在妳的生活詞典裡，妳甚至不知道有浪漫這個詞。妳認為所有的甜言蜜語都是騙人的，鮮花和燭光晚餐更是華而不實的東西。不可否認，生活不是童話，但是也不必把它看得像硬石一樣冷酷啊！

妳的思想被愛情鈍化了嗎？

都說女孩子談了戀愛就會發生莫名的改變，甚至不可理喻。那麼妳知道自己被愛情鈍化到什麼程

度嗎？做個測試，也許妳會明白。假如妳和朋友一起去爬山，不幸的是遇到突發事件，妳最擔心遇到哪一種？

Ⓐ 發生土石流

Ⓑ 被落石活埋

Ⓒ 不幸墜入山谷

Ⓓ 被山賊砍死

選擇A：

妳的鈍化指數是30%。可以説，妳在愛情面前還是相當理智的，但是這種理智有時候會使妳顯得缺乏激情，久而久之這份感情會變得越來越淡漠。建議妳不妨經常給自己的愛情創造一些驚喜。

選擇B：

妳的鈍化指數為50%。在感情上，妳並不是一個死板的人，但是有很多禁忌。建議妳不要總是用自己的思維方式來思考問題，也應該想一下他人的感

受，此外還應該學會溝通。

選擇C：

妳的鈍化指數是70%。妳是一個佔有慾很強的女孩，但是對於愛情中一些突如其來的狀況，總是顯得措手不及。其實如果妳多準備一些幽默的方法來應付這些狀況，就不至於因情緒衝動毀掉一生的幸福。

選擇D：

妳的鈍化指數為90%。在感情方面，妳是一個很情緒化的人，常常會做出一些讓自己懊悔的事情。其實事情沒有妳想像的那麼複雜，只是妳過於鑽牛角尖，拼命向壞處想而已。

失戀的傷痛多久能痊癒

愛情的道路並不是一帆風順的，有的時候難免會遭受到失戀的打擊。那麼，面對失戀，妳是在很短時間內修復自己的傷口，迅速開始下一段戀情

呢，還是很長時間都不能走出失戀的陰影？不妨測試一下，瞭解妳失戀的傷痛多久能痊癒？

妳正在陽臺上晾衣服，突然一塊石頭砸在陽臺窗戶的玻璃上，妳嚇得大叫一聲。妳認為玻璃會變成什麼樣呢？

Ⓐ 完好如初

Ⓑ 裂了一條線

Ⓒ 裂成一片蜘蛛網

Ⓓ 玻璃全碎了

選擇A：

石頭砸在玻璃上，它很難不裂，但是妳在心理試圖保持它的完整。一般來講，失戀之後妳很難走出他的陰影，如果想要修復這段傷痕，至少需要一年的時間，甚至會更久。人不能總是生活在記憶裡，建議妳儘快擺脫失戀的陰影，迎接新的生活。

選擇B：

妳就如同這塊玻璃，看起來堅強，實際傷痕一直在心裡，很難消失。對於好強的妳來說，妳可能會將傷痛化為報復，讓自己活得更好、變得更漂亮，讓他後悔。一般來講，妳需要半年的時間走出失戀的陰影。

選擇C：

玻璃破碎的越嚴重，代表妳心中的傷痕復原的越快。剛開始失戀的時候，妳會不斷想起你們之前在一起的種種甜蜜的回憶，但是過了一段時間之後，妳的回憶會逐漸被新的生活所代替。

選擇D：

妳的感情來得也快，消失得也快。日常生活中，妳很容易因為一點小事就墜入情網，但是等到這份感覺不對勁了，妳會選擇儘快結束戀情。一般來講，失戀並不會在妳心底留下太大的陰影，往往是大哭一場之後，妳就會感覺所有的事情都過去了。

妳的愛情自私度有多高

都說愛情是自私的，是排他的。心理學家研究發現，從一個人選擇從事的藝術工作就可以看出他的愛情自私度有多高。如果現在讓妳選擇妳最想從事的藝術工作，妳會選擇什麼？

Ⓐ 攝影家

Ⓑ 作家

Ⓒ 雕刻家

Ⓓ 畫家

選擇A：

妳的愛情自私指數為15%。在愛情中，妳希望彼此有互動感，只要愛人能夠給妳快樂，妳就會給他更大的回報。而且，只要他需要，妳願意為對方做任何付出，平常的日子裡，妳也會給對方許多意想

不到的驚喜，讓人覺得貼心。

選擇B：

妳的愛情自私指數為40%。在愛情這個不見硝煙的戰場上，妳最在乎的是自己能否得到對方最真實的感情，容貌、金錢等對妳來說，都是無所謂的。妳討厭那些十分自私的人，因此在愛情中妳很會替對方著想。不過，妳有時會強迫對方接受妳的好意，這也是自私的一種表現。

選擇C：

妳的愛情自私指數為75%。在愛情生活中，妳是一個非常認真的人，總是處於主動的狀態，不甘於被任何人操縱。妳常常會按照妳的想像來塑造妳的愛情形態，如果愛人能夠配合妳的想像，那麼兩個人便可以相安無事。

選擇D：

妳的愛情自私指數為90%。一直以來，妳都是一個以自我為中心的女孩子，非常任性，只要是自己想做的事情就一定要做，在妳的意識裡，每個人

4 愛情中，妳是哪種角色？

都是應該為自己而活的。因此，妳的愛人想要改變妳並不是一件容易的事情，妳的我行我素，獨斷獨行，會讓他覺得很辛苦，很累。

妳的愛情EQ有多高

都說戀愛中的女人智商為零，身處戀愛中的妳，智商有多高呢？趕快來測試一下吧！假如有一段刻骨銘心的舊戀情，現在又擁有一段新戀情，面對新、舊戀人的照片，妳會如何擺放？

Ⓐ 把新感情（照片）擺起來，將舊回憶（照片）收起來

Ⓑ 一起擺在床頭

Ⓒ 兩者擺在不同的地方

Ⓓ 統統收起來，等婚後再說

選擇A：

恭喜妳，妳是典型的理智型女子，愛情EQ很高，有適應未來、珍惜過去的能力。

選擇B：

妳屬於擺放型的女孩兒，愛情EQ較高。愛情生活中雖有三心二意的傾向，但絕對不會推卸責任。

選擇C：

妳是典型的固執型女孩兒，愛情EQ較低。妳常常會擔心妳的新戀人會吃悶醋，因此可能會選擇一走了之。

選擇D：

妳是沮喪型的女子，愛情EQ很低。妳很難走出失戀的打擊，不能接受舊戀人的離去，要想方法儘快擺脫那段陰影。

戀愛中妳會遇到什麼麻煩

美麗的愛情在不經意間就悄悄降臨到了妳的身上，在所有人的眼裡，你們都是天底下最幸福的一

對。可是愛情的道路上並不是一帆風順的，有的時候也會狂風暴雨、波濤洶湧，給你們帶了一些不可避免的麻煩。身處愛情中的妳，是否也想過自己會遇到哪種麻煩呢？

1、妳每個月都會花費大量的錢在衣服和化妝品上面嗎？

Ⓐ 很少，我並不在乎衣服

Ⓑ 有點多，不過我在其他方面是比較節省的

Ⓒ 的確不少，因為看到別人有，就不舒服

2、妳常常閱讀一些關於愛情的雜誌和書籍嗎？

Ⓐ 喜歡，還常常會被其中的故事情節感動得痛哭流涕

Ⓑ 有時候會，不過多是在愛情不順的時候

Ⓒ 很少，我覺得書上的都是假的

3、妳認為自己是一個會控制情緒的人嗎？

Ⓐ 是的，即使有時候非常憤怒，我也會努力克制

Ⓑ 很難説，有時候會克制不住自己的情緒

Ⓒ 不是，我經常會無緣無故地生氣

4、在妳的想像中，天堂應該是一個什麼樣的地方？

Ⓐ 裡面有很多談得來的好朋友

Ⓑ 充滿祥和與幸福，裡面沒有壞人

Ⓒ 非常新奇，裡面有各式各樣的人

5、早上醒來的時候，妳會不會非常迷惑，不知道自己今天應該做點什麼？

Ⓐ 不是，覺得有很多事情要做，感覺時間不

夠用

Ⓑ 知道應該做什麼，但是會害怕一個人獨處

Ⓒ 是的，覺得生活很空虛，感覺自己像行屍走肉般

6、如果有一天，妳選擇隱居，那麼妳將會選擇一個什麼樣的地方呢？

Ⓐ 一個無人知道的島嶼

Ⓑ 別人永遠也找不到的世外桃源

Ⓒ 崇山峻嶺、人跡罕至的地方

7、有一天妳坐飛機去旅遊，突然機長宣佈因爲遭遇不良天氣，飛機有可能墜毀，此時妳最想做的事情是什麼？

Ⓐ 打電話給自己最愛的人，告訴他妳此時最想說的話

Ⓑ 坐立不安，但仍想親眼目睹生命最後一刻

Ⓒ 雖然很驚慌，但覺得擔心也是無濟於事，
不如好好睡一覺

8、妳覺得自己是一個超級自戀的女孩子嗎？

Ⓐ 不是，我照鏡子的目的只是為了整理儀表

Ⓑ 偶爾是，一般是在得到朋友的誇獎之後

Ⓒ 不是，我最怕照鏡子了，因為我擔心會愛
上自己

9、妳是否有過輕生的念頭？

Ⓐ 是的，並且還嘗試過

Ⓑ 在遇到不如意的時候，就難免會想到死

Ⓒ 偶爾會想，因為我對死是非常恐懼的

10、如果妳只能選擇下面的一個人作為終生依

靠的伴侶，妳會選擇那一個？

Ⓐ 志同道合的

Ⓑ 外貌較好的

Ⓒ 多金多錢的

以上各題，選A得5分，選B得3分，選C得1分。然後計算總得分。

40分以上：

妳的愛情可能會遭遇親戚朋友的反對。妳是一個固執的女孩子，在追求愛情的道路上常常是義無反顧、毫無顧忌，根本不去顧及家人和朋友的感受，因此可能不會得到他們的祝福，迫於這些壓力，妳可能會選擇分手。

31～40分：

妳可能會因為和戀人的意見不合而分手。妳本身是一個十分好強的女孩子，在很多問題上都會堅

持自己的想法，與戀人互不相讓，很多時候會不歡而散。久而久之，妳會厭倦這種生活，很可能就會向戀人提出分手。

21～30分：

妳可能會遭遇跟情人個性不合的麻煩。妳跟戀人都喜歡包裝自己，都希望讓對方覺得自己是天底下最優秀的。但是交往之後就會原形畢露，雙方的缺點就會一一展現在對方面前，你們之間似乎除了爭吵就沒有什麼共同點。其實如果都肯向後退一步，你們之間的感情就會海闊天空。

20分以下：

你們之間可能會遭遇第三者。妳是一個憑感覺尋找愛情的女孩子，常常會把對方的欣賞錯認為喜歡，等到對方接到妳求愛的信號之後，你們很快就會產生一段感情。但是，相愛簡單相處難，你們之間的感情來去匆匆，尤其是當第三者出現在你們面前的時候，感情的天平可能就會發生傾斜。

妳有愛情恐懼症嗎？

現在，有很多的女性都不同程度地患有愛情恐懼症，因此她們往往不敢涉足愛河，也就不能夠享受到愛情所帶來的愉悅。那麼妳是否也患有愛情恐懼症呢？下面的這個測試可能會給妳一個答案。

如果妳乘坐的飛機發生了故障，必須迫降，只好在異國過年，妳覺得迫降在哪一個地點，妳可以勉強接受？

A 在北極冰雪中的冰屋裡

B 在衣索比亞的荒原中

C 在阿拉伯的沙漠中

選擇A：

妳有顯性的承諾恐懼症，因為說話算話的妳，在還沒有決定之前是絕不輕易給對方承諾，因為說

出口就得兌現，所以選這個答案，只要妳說出口，另外一半就會覺得，他是世界上最幸福的人了，因為妳會承諾他一輩子。

選擇B：

妳有隱性的愛情承諾恐懼症，因為只相信腳踏實地經營愛情的妳，不覺得山盟海誓會成真，但是如果對方施壓力的話要妳給承諾，妳也會勉為其難地認命把承諾說出來。

選擇C：

妳對愛情沒有愛情恐懼症，因為在愛情方面妳會選擇及時行樂，覺得兩人世界快樂最重要，如果說承諾就能讓對方開心的話，何樂而不為呢？其實這類型的人，為了讓對方開心什麼話都說得出口，管他明天會發生什麼事情，兩人世界甜甜蜜蜜、開開心心妳就覺得是最重要的事情。

妳會因為什麼放棄愛情

每個女孩子都渴望擁有愛情，但是有的可能會因為一些其他原因不得不放棄已經擁有的愛情。那麼，妳會因為什麼原因放棄自己的愛情呢？假如給妳一條紅絲帶，妳會把它繫在身體的哪個部位？

Ⓐ 手指或手腕上

Ⓑ 腳踝上

Ⓒ 胸前

Ⓓ 頭髮上

選擇A：

在妳眼中，金錢、名譽、地位要比愛情重要得多。妳認為穩定的經濟基礎是建立家庭的最重要的條件，只有衣食無憂才可以結婚，才可以生兒育女。如果這個條件不成熟，妳會放棄結婚。麵包比愛情重要，這是妳一貫堅持的原則，如果二者有所衝突，妳首先會放棄愛情。

選擇B：

妳是一個知性的女子，會為了學業和工作放棄自己的愛情。在妳看來，如果因為戀愛耽誤了自己看書學習和工作的時間，妳會覺得不值得，此時妳就會考慮放棄愛情來成全自己的學業和工作。

選擇C：

　　健康休閒在妳心中擺在第一位置！妳常常為因為上街或者去健身房而放棄和戀人的約會，因此在這點常常會遭到戀人的抱怨。同時妳對環境整潔乾淨的要求比他人苛刻。在妳看來結婚前雙方去進行婚前檢查是很必要的環節！

選擇D：

　　妳認為生活中，自己的興趣嗜好是最重要的。妳喜歡週末的時候逛逛書店、翻閱雜誌或者去參觀博物館自得其樂，似乎這些娛樂比約會更容易讓妳獲得簡單的快樂和享受。所以妳寧願為了自己的嗜好去割捨自己的愛情。

妳擁有「奴役」男人的天賦嗎？

或許妳是一個温柔如水的女子，或許妳非常霸道，或許妳天生麗質，或許妳相貌平平。但是，在愛情當中，妳是否想過讓心愛的男子對妳俯首稱臣？或許妳根本想都不用想，他就會把自己的心肺掏出來給妳。

想不想知道妳是否擁有「奴役」男人的天賦？那就趕快進入下面的這個測試吧！

1、如果已經決定去哪裡吃飯了，妳會採取與男朋友相反的意見嗎？

Ⓐ 會。前進到第 **2** 題
Ⓑ 不會。前進到第 **3** 題

2、談戀愛的時候，遇到意見不一致時，你們多

會採取誰的提議？

Ⓐ 男朋友的。前進到第 **3** 題

Ⓑ 我的。前進到第 **4** 題

3、遇到可愛的玩具或是寵物時，妳會不會也跟著裝出可愛的樣子？

Ⓐ 會。前進到第 **4** 題

Ⓑ 不會。前進到第 **5** 題

4、妳是否經常向妳的男朋友撒嬌？

Ⓐ 是的。前進到第 **5** 題

Ⓑ 不是。前進到第 **6** 題

5、週日，妳和男朋友選擇去做一項運動，妳會選擇？

Ⓐ 游泳。前進到第 **6** 題

Ⓑ 跑步。前進到第 **7** 題

6、你們湊巧遇到了一個共同的假期，此時妳會選擇做什麼？

Ⓐ 出去玩。前進到第 **7** 題

Ⓑ 哪也不去，在家裡享受兩人世界。前進到第 **8** 題

7、你們本來計畫去爬山，遺憾的是外面下雨了，此時你們會？

Ⓐ 不甘心準備冒雨去爬山。前進到第 **8** 題

Ⓑ 放棄這個打算，考慮做其他的事情。前進到第 **9** 題

8、男朋友的穿衣風格是？

那為之瘋狂的愛情心理測驗
令全世界女人

Ⓐ 休閒運動類。前進到第 9 題

Ⓑ 時尚個性類。前進到第 10 題

9、男朋友親自精心準備了一次燭光晚餐，妳對他的印象會？

Ⓐ 認為他是世界上最完美的男人。前進到第 10 題

Ⓑ 他的形象在妳心目中又高大了，但是距離完美還很遠。前進到第 11 題

10、妳敢和自己的父母頂撞嗎？

Ⓐ 會的。前進到第 11 題

Ⓑ 從來沒有過。前進到第 12 題

11、妳覺得大男人的定義是：

Ⓐ 關鍵時刻能保護女生的男人。前進到第 **12** 題

Ⓑ 讓人有安全感的男人。前進到第 **13** 題

12、如果一個陌生的男人想要和妳說話，妳會覺得？

Ⓐ 滿好奇，可以聊一下。前進到第 **13** 題

Ⓑ 太無聊了。前進到第 **14** 題

13、在妳的印象中，認為哪種男生會比較酷一點？

Ⓐ 憂鬱王子。前進到第 **14** 題

Ⓑ 陽光大男孩。前進到第 **15** 題

14、因為工作緊張，男朋友偶爾會向妳抱怨工作上遇到的麻煩事，妳覺得：

Ⓐ 他很煩，這種事情自己又幫不了他。前進到第 **15** 題

Ⓑ 很願意幫助他，並提供自己力所能及的幫助。前進到第 **16** 題

15、如果妳穿著很暴露的衣服出門，妳的男朋友不讓妳出門，妳會？

Ⓐ 不換掉，認為自己喜歡就好 → **A** 型

Ⓑ 換一件他比較喜歡的 → **B** 型

16、如果遇到一個不喜歡說話的男生，妳會覺得？

Ⓐ 他很羞澀，需要一個人去呵護、去愛惜。
→ **C** 型

Ⓑ 偽君子 → **D** 型

愛情中，妳是哪種角色？

A型：

想要讓妳的男朋友不離開妳，討好他的長輩和晚輩是最有效的辦法。因為妳的男朋友是一個非常注重親情的人，他對長輩十分孝敬，對孩子十分喜歡，如果妳能夠使老人、孩子都站在自己這邊的話，他可能會因此遭到很多人的譴責。

B型：

妳通常會裝出小女人的樣子來使妳的另一半聽妳的話。妳的EQ非常高，清楚地知道如果想要奴役一個男人，就一定要先把面子做給對方，而當男人很有面子時自然就會聽妳的話。

C型：

妳往往透過姣好的外型或是超高的做飯技術來奴役妳的另一半，因為妳的另一半對這些非常有興趣。妳這種類型的女孩子自信心很強，只要覺得自己是最優秀的，對方也一定會是最優秀的，不管是在外型方面還是在廚藝方面。

D型：

妳的大女人主義會嚇到妳的另一半。通常來講，妳是一個十分兇狠的女王，認為對男人太好會把男人寵壞的，而且只有妳兇狠起來，他才會聽妳的話。

手提包洩露妳的愛情祕密

每個女孩子都有自己喜歡的小包，但是妳知道嗎，妳喜歡的小包會洩露妳的愛情祕密哦！是不是不相信，那麼來測試一下看看準不準？一般來講，妳喜歡哪種類型的小包？

Ⓐ 喜歡簡單大方、小巧規整素潔淡雅的包包
Ⓑ 喜歡公文式背包式的手袋
Ⓒ 喜歡漆皮包
Ⓓ 喜歡紗網，尼龍包

選擇A：

4 愛情中，妳是哪種角色？

妳是一個「傳統奉獻」的女子，為了家庭和事業，妳會犧牲自己的一切。因此，妳希望愛人能夠像親人一樣關懷妳，而且妳不希望他有多浪漫，妳認為保守、傳統、安全的婚姻才能夠給妳一生的幸福。

選擇B：

妳是一個「專一保守」的女人，雖然妳在生活上很傳統、很保守，但是妳的目標堅定、理想遠大、感情細膩、善於理財，常常會按照自己的方式來追求一生的幸福。

選擇C：

妳是一個「浪漫執著」的女子，希望自己能夠得到多姿多彩的愛情，而且對愛情十分信任，一旦認定了是自己想要的，就不會輕言放棄。

選擇D：

妳希望能夠找到與自己「氣味相投」的對象，妳認為作為戀人，應該有共同的理想和目標，尤其應該個性相投，這樣在自己需要時，戀人才能夠伸

那為之瘋狂的愛情心理測驗
令全世界女人

出援助之手。而且，妳特別討厭那些心胸狹窄的男人。

戀愛中妳有什麼弱點

南太平洋的一個珊瑚島上，腳下是溫柔的白沙、四周是淡藍的海，頭頂是湛藍的天空。這時，有一個美女獨自漫步，她有著美麗的金髮和健康的皮膚，還有模特般的身材，而且一絲不掛。那麼，她為什麼會一絲不掛呢？選擇妳認為最可能的理由。

Ⓐ 那是天體營俱樂部的小島，裡面的成員都保持最原始的打扮

Ⓑ 她可能以為自己是穿著泳衣的

Ⓒ 她是個女演員，因為劇情需要

Ⓓ 島上只有她一個人，穿不穿衣服無所謂

選擇A：

妳天生是個對什麼事情都很認真的人，在戀愛上會受到社會道德的規範和束縛，不會越雷池一步，而且一旦戀情出現問題，就會十分自責，認為是自己的錯。戀愛中的弱點是受倫理觀束縛太重。

選擇B：

日常生活中，妳常常會認為自己的天生條件或者社會條件不好而放棄可能屬於自己的愛情，其實不是妳缺少魅力，而是妳缺少自信，害怕失敗。戀愛中的弱點是自卑感太重。

選擇C：

妳是一個典型的完美主義者，做什麼事情都要求十全十美，愛情也一樣，正是這種心情使妳戀愛的腳步受到了羈絆。金無足赤，人無完人，如果一味地苛求，結果可能是一場空。戀愛中的缺點是完美主義觀太強。

選擇D：

在戀愛的過程中，妳往往非常在意周圍人對妳

的評價，試圖得到所有人的祝福，以致這種觀點太過強烈，而使自己的戀愛失敗。戀愛中的缺點是缺少對等的價值觀。

妳能感受到情人的心思嗎？

一個初夏的傍晚，風還帶著絲絲涼意，而且下著濛濛的細雨，一對戀人相約在某地見面。女孩遠遠地跑了過來，走近時男孩才發現因為沒有帶傘，女孩淋了點雨，妳設想男孩的手會先碰觸女孩哪裡？

Ⓐ 溫柔地牽起她的小手

Ⓑ 摸著她的長髮

Ⓒ 摸著她的額頭，看是否因為淋雨發燒

Ⓓ 摸著她的手臂，看有沒有凍得發抖

選擇A：

妳對情人的心思的感受力屬於「忽略型感受力」。對情人心思的洞察屬於射手座、天蠍座、獅子座的類型，這種類型的女孩子常常會忽略掉戀人的心思，一味滿足自己的心理。

選擇B：

妳對情人的心思的感受力屬於「細膩型感受力」。對情人心思的洞察傾向巨蟹座、處女座、雙魚座的類型，他一點點微妙的心思變化妳往往都能夠感受得到，感受力極為細膩。

選擇C：

妳對情人的心思的感受力屬於「理性型感受力」。對情人心思的洞察傾向雙子座、水瓶座的類型，妳常常會用推理的方式來猜測對方的心意，即使有的時候這種推理方式不正確。

選擇D：

妳對情人的心思的感受力屬於「易變型感受力」。對情人心思的洞察傾向白羊座、金牛座、天秤座的類型，一般來說，妳往往能夠感受到情人的

心思，但是環境氣氛的變化會影響妳的敏感性。

對他會不會管得太多

　　都知道女人喜歡嘮叨，戀愛中妳是不是事無巨細，事事親自過問啊？但妳想過沒有，這樣會不會管他太多？早上妳特意為他做早點，但是他還是想睡，妳下一步會怎麼樣？

Ⓐ 自己先吃，對方的就在桌上

Ⓑ 誰知道他什麼時候起床，乾脆把他的那份也吃掉

Ⓒ 短時間會懶得再幫對方做早餐

Ⓓ 不高興，覺得對方太過分

選擇A：

　　妳會依自己的心情去管他。這種類型的女人對於感情的態度是公平型，她會隨著倆人感情的進度

與對方對她的態度來決定彼此相處的模式。

選擇B：

妳懶得去管他，妳抱著隨緣與尊重的心態經營感情。這類型的女人由於之前的經驗累積，對於愛情有了更成熟的態度，認為感情就是要靠雙方的經營以及努力維持才是最好的方法。

選擇C：

這類型的女人剛開始會為了愛對方而壓抑自己愛掌控事務的個性，可是如果對方實在承擔不了，她就會受不了，開始全權掌握一切事情。

選擇D：

妳對他管得太多了。具有強烈母愛的妳想照顧他，把他當成孩子管，所以事無巨細地管。這種類型的女人控制欲很強，她想掌握對方的一切，大小事情都想要幫對方處理，往往讓另一半覺得喘不過氣，想要逃開。

妳會是個負心的女人嗎？

戀愛不是一帆風順的，誰都不能避免分手的可能，但導致這種結果的原因是因為妳的男友做了「陳世美」，還是妳做了負心女呢？結果都有可能。那麼妳會是一個負心的女人嗎？如果想知道結果的話趕快做一下下面的測試吧！

妳偶爾得知，妳的愛人過去曾有拋棄別人的記錄，這時妳會？

Ⓐ 已經是過去的事情了，與自己無關

Ⓑ 追問具體原因，替受害者討回公道

Ⓒ 立即與其分手

Ⓓ 表面保持平靜，但內心會多加提防

選擇A：

妳對愛情抱有理智和客觀看法，認為不能因為

一個人的過去就宣判他的罪行。一般來講，妳不會拿以前的舊帳來說事，更不會鑽牛角尖，對什麼事情都是小而化之。同時妳對自己的選擇很有信心，但這種自信很可能導致妳被騙。

選擇B：

妳會對戀人的舊事抓住不放，認為自己就是評判對錯的法官，道德意識比較強，而且喜歡翻舊帳，吹毛求疵。從心理學的立場來講，妳可能有一點神經質的傾向，安全感和歸屬感比較薄弱。因此愛情道路上會走得很累。

選擇C：

妳是一個具有心理潔癖傾向的人，在愛情的道路上眼裡容不得一點沙子，認為愛情是絕對地純潔、浪漫和美好的。所以一旦發現對方在某些方面存有瑕疵，就會不顧一切地拋棄所有的感情和過去，寧為玉碎，不為瓦全。

選擇D：

妳對自己缺乏一定的自信，依賴性非常強，即

使發現戀人以往有不可告人的前科，也不敢發表意見。與其說這種類型的女孩子渴望愛情，倒不如說她渴望找到避風港，而這個人是不是真的愛她，有時候並不重要。

愛情筆記本

5

該怎麼看待自己的婚姻

　　生活中，每個女人都　慕神仙眷侶般的夫妻生活，都希望自己

能夠成為幸福童話中的女主角。塞繆爾曾經說過：「婚姻的成功取決

於兩個人，而一人就可以使它失敗」。長期的婚姻生活中，吵吵鬧鬧

在所難免，有時候甚至會影響到婚姻的質量。只是，身為女人，妳能

夠駕馭自己的婚姻生活嗎？

妳的結婚慾望強烈嗎？

　　已經到了「女大當嫁」的年齡，而且走過了幾年的戀愛路程，看著朋友紛紛走進了結婚的殿堂，此時的妳是否也有著強烈的結婚慾望呢？來測試一下吧！

　　婚禮上，面對打扮好的新娘，在無意間最引妳注目的是她身上的哪樣裝飾？

Ⓐ 戒指

Ⓑ 花束

Ⓒ 面紗

Ⓓ 禮服

選擇A：

　　妳很有人緣，不乏追求者。結婚時機不會很早，也不會很晚。

選擇B：

妳在戀愛中常有相戀不一定要結婚的觀念，所以即使有對象了，也不可能太早結婚，屬於晚婚型。

選擇C：

妳很容易太早就談戀愛，同時還是希望儘快可以和對方生活在一起的早婚型。

選擇D：

老實說，妳的結婚慾望真的比一般人強，但往往在細節上出問題，導致欲速則不達的結果。

妳適合怎樣的婚姻生活

很多人都說結婚需要很大的勇氣。之所以有這樣的感慨，很大原因就是不知道自己是否適合以後的婚姻生活。來做下面的這個小測試，或許會找到自己適合的婚姻生活。

假設妳準備進行一次旅行，妳可能會選擇什麼

旅行方式？

Ⓐ 隨團去旅行

Ⓑ 一個人駕車出遊，還會帶上心愛的寵物

Ⓒ 和家人一起去旅行

Ⓓ 和愛人一起享受浪漫之旅

選擇A：

選擇這個答案的女孩，往往在團體中才能夠感到安心。我們知道，跟隨旅行團出遊特別方便，而且安全，最重要的是有人替自己打理、安排好，自己不用操心。婚姻也是如此，妳渴望自己能夠生活在一個家庭成員關係比較好的家庭，不允許自己與家庭有任何脫節。

選擇B：

選擇這個答案的女孩子十分富有愛心，從出遊也帶上寵物這一點就可以看出。所以，婚後妳會特別重視孩子，妳喜歡跟孩子們在一起笑鬧嬉戲，扮

演孩子王的角色。因此沒有孩子的婚姻絕對不適合妳。

選擇C：

選擇這個答案的女孩子一定是非常愛家，和全家一起出外旅遊就足以證明，對妳來說，家人就是無價之寶。結婚之後妳會特別戀家，任何事都比不上回到家裡的感覺更讓妳幸福。

選擇D：

選擇這個答案的女孩子非常重視在以後的婚姻生活中能夠與自己的另一半達成互動，妳認為在任何時候，婚姻生活都應該像戀愛或者新婚的時候一樣甜蜜。

目前的妳適合結婚嗎？

看到身邊同齡的朋友和同事都紛紛走進了婚姻的殿堂，妳是不是也心有所動。但是目前的妳適合結婚嗎？來測一下吧！

假如一時興起，妳和男朋友隨便去買了一張彩券，彩券在妳的手裡，結果最後妳發現竟然中了五百萬。此時妳會如何處理呢？

Ⓐ 跟男友一起揮霍掉

Ⓑ 一半存起來，一半自己用

Ⓒ 把錢全部給男友

Ⓓ 悶不吭聲一個人獨佔

選擇A：

立刻結婚型。妳十分渴望走進婚姻，如果可以的話，要妳立刻結婚也沒問題。因為妳早就打聽好哪家喜餅好吃、哪家婚紗棒、哪家飯店有折扣了，妳的準備工作都已完成。只不過這樣容易會給另一半造成不小的壓力，彼此多溝通會比較好。

選擇B：

時機成熟型。妳認為自己目前適合結婚了，只不過對另一半妳有所不滿，所以會選擇一個人獨佔

所有的錢。妳的如意算盤是騎驢找馬，走一步算一步，找到更好的就甩了現在的，找不到就湊合。

選擇C：

時機未到型。妳認為「結婚」是件離妳很遙遠的事，可能是妳交往的對象不能讓妳有託付終身的信心，也可能是現在的他根本讓妳不敢指望有未來，總之妳會暫時維持現狀一陣子，然後再慢慢思考其他的可能性。

選擇D：

妳是典型的不婚主義型。妳壓根不想進去這個戀愛墳墓。目前的妳很難放棄自由自在、盡情玩樂的生活。但是好男人很容易會被搶走，如果不是堅定的不婚主義者，該留意的時候還是要把握，不然到最後很可能會徒留遺憾，望人興歎而已。

妳是個讓人討厭的醋罈子嗎？

吃醋是戀人之間常有的事情，不可否認偶爾吃

醋不僅會讓對方覺得妳很在乎他，還可以增進你們夫妻之間的感情，但是如若把吃醋當作家常便飯，就不免令人生厭了。

夏日的傍晚，妳和老公在附近的公園散步，突然看到一位父親帶著兒子拿著打火機不知道在點什麼？妳認為他們會點什麼呢？

A 蚊香

B 仙女棒

C 蠟燭

D 木材堆

選擇A：

妳善於隱藏自己嫉妒的火花，看到戀人和其他女孩子說笑，會把醋吃在心裡，但是表面看起來胸懷特別寬闊，一副什麼都不在乎的樣子。判斷這點的根據是蚊香不大好點燃，往往燒上一會兒才會冒出火星。對妳來說，偶爾吃醋也是十分必要的。

選擇B：

玩過仙女棒的人都知道，仙女棒一點燃就能夠發出耀眼火花，但這只是瞬間的事情，燦爛之後火花很快就會熄滅。所以，妳是那種情緒來得快去得也快的女孩子。

選擇C：

蠟燭的用途主要是用來照明，因此它發出的光不耀眼，更不會瞬間就會熄滅，這象徵著妳的醋意細水流長。因此，妳常常會有事沒事製造一些事情來爭吵，妳的醋意一直在心裡，是難以釋懷的。

選擇D：

木柴是不易點燃的，但是一旦點燃，就會一發不可收拾。選擇木材的女孩子，往往在人多的時候壓抑自己的醋意，但一旦等到兩人獨處，則往往會爆發出來，如同木柴被點燃之後一發不可收拾，久久難以平靜。這種類型的女孩子最容易因為嫉妒而去報復。

妳對伴侶哪方面最寬容

兩個人生活在一起，難免會吵吵鬧鬧，但只要彼此都能夠擁有一顆寬容的心，婚姻中就沒有不能溝通的問題。那麼，身為妻子，妳有沒有注意過自己對丈夫的哪點最寬容呢？

假如妳是一個被詛咒的公主，等待妳的有四種命運，妳會選擇哪一種呢？

Ⓐ 一打噴嚏就變成大母豬的公主
Ⓑ 每到夜晚就變得醜陋無比的公主
Ⓒ 一生氣就變成猴子的公主
Ⓓ 一碰水就變成癩蛤蟆的公主

選擇A：

妳對伴侶與其他異性之間的曖昧關係最寬容。之所以會這樣，是因為妳太愛對方了，所以會一而

再、再而三地容忍他的這些原則性的錯誤。如此一來，對方也會一而再、再而三地惹妳傷心。

選擇B：

妳對伴侶的生活習慣最寬容。妳認為每個人都不是完美的，都有自己的生活習慣，所以應該尊重，而不是譴責。妳認為只要伴侶不出現什麼原則性的問題，即使是懶一點，調皮一點也沒有關係，這樣反而會增加一點情趣。

選擇C：

在賺錢方面妳對伴侶十分寬容。妳認為只要是伴侶努力了，錢多錢少無所謂，只要他很愛妳就行。而且，妳會和伴侶一起去為你們未來的生活打拼，兩個人能夠同甘共苦，這種感覺讓妳覺得日子很實在。

選擇D：

妳對自己的另一半更多的是嚴格而不是寬容。對待自己的伴侶，妳簡直就像是一個老師或者一個教官，不管在任何方面，妳對他都非常嚴格，如此

一來，常常會讓妳的伴侶感覺自身的壓力很大，甚至會受不了。

妳很期望「嫁入豪門」嗎？

每個女孩子都想成為豪華宮殿裡那個幸福的王妃，都幻想麻雀變鳳凰。妳是不是也希望自己能夠成為童話裡的那個灰姑娘，內心也有嫁入豪門的情結。不妨來測驗一下吧！

妳和男朋友相約到從沒有去過的街角的那家咖啡廳喝咖啡，在妳的想像中，店裡的椅子應該是哪一種呢？

Ⓐ 簡單的高腳椅

Ⓑ 有椅背的木椅

Ⓒ 軟綿綿的沙發

選擇A：

期望嫁入豪門的程度指數為零！在妳的意識裡，豪門大宅往往會束縛一個人的自由，認為一旦嫁入豪門，就很難再隨心所欲地生活了，因為妳是一個崇尚自由的人。不過，雖然妳並不期望嫁入豪門，但有不經意就閃電結婚的先兆。

選擇B：

期望嫁入豪門的程度指數只有50%！對妳來說，安定幸福的生活最重要，妳只希望遇到一個適合自己的男子，不管他的家世背景和富有程度如何，只要兩個人真心相愛，就一定會幸福。

選擇C：

期望嫁入豪門的程度指數高達100%！妳一直都覺得自己應該是一個高貴的公主，然後遇見心愛的王子。不管現實生活如何，妳都不願意放棄這個念頭。其實現實和理想有很大的差距，高貴的王子有可能只存在於童話中。所以，還是立足現實吧，否則內心會產生巨大的心理落差。

妳認為夫妻之間應該有祕密嗎？

有人認為夫妻之間應該是完全透明的，自己所有的事情和祕密都應該讓對方知道，這樣才能夠增加彼此的理解和信任；但有的人則認為每個人都是一個獨立的個體，都應該有自己獨立生活的空間。那麼妳怎麼看待這個問題呢？

妳無意間看到一個嬌小的女孩子站在一個男孩面前哭泣，妳覺得可能發生了什麼事情？

A 男孩對女孩的愛讓女孩不忍拒絕，但又無法接受

B 可能是男孩心情不好朝女孩發脾氣

C 可能是男孩拒絕了女孩的愛意，傷了女孩的自尊

D 男孩又在表現他的大男子主義

選擇A：

選擇這個答案的女孩子總是會向自己周圍的人大肆宣揚她對伴侶的忠誠度，平時也會對伴侶表示自己對他絕對忠誠。但是行動起來則往往是另外一種樣子。

選擇B：

妳是一個心地善良的女孩子，但是會經不起突如其來的誘惑，會因為虛榮而去尋找情人，因為內心不安又想對伴侶負責。

選擇C：

選擇這個答案的女孩子在情感方面表現比較主動，往往是對方還沒有表達，自己就會搶先一步表達出來，這種態度是絕對坦誠的。

選擇D：

選擇這個答案的女孩子心機較重，十分善於掩飾自己，因此伴侶往往猜不透她在想些什麼。

妳是一個合格的妻子嗎？

當妳挽著他的手臂，走進婚姻殿堂的那一刻，內心一定暗暗發誓，一定要做一個合格的妻子。幾年過去了，妳是一個合格的妻子嗎？來檢測一下吧！

1、妳會按照丈夫的喜好來挑選自己衣服的顏色和款式嗎？

2、妳能否與丈夫的家人、朋友、同事和睦相處？

3、妳常常會變換花樣，來做他喜歡吃的各種飯菜嗎？

4、妳是不是努力去喜歡丈夫喜歡的事情，認為這樣才有更多的共同語言嗎？

5、妳給丈夫在他的私人事情上有完全的自由嗎？

6、妳是不是從來不拿丈夫與那些所謂成功的人士比較？

7、妳會盡力打扮自己，讓他天天對妳有一種新鮮的感覺嗎？

8、妳瞭解丈夫在事業上的進展嗎？

9、妳能否在兩個人爭論不休的時候給丈夫一個誠懇的微笑嗎？

10、妳願意和丈夫一起看他喜歡的足球而放棄自己喜歡的電視劇嗎？

如果妳的答案是肯定的，得3分，如果是否定的，得1分。計算妳的總分。

20分以下：

妳現在還不能稱之為一個合格的妻子，但是不要洩氣，可能是因為相處的時間較短或者是雙方缺少交流，以致妳沒有掌握好夫妻相處的技巧。皇天不負苦心人，只要妳努力，就一定會成為一個合格

的妻子。

20分以上：

恭喜妳，妳是一個非常合格的妻子，不管在事業上還是在生活上，妳都能夠給丈夫提供及時而有力的幫助，他也一定會因為妳的柔情萬種和用心良苦而備受感動的。但是有一點妳需要注意，千萬不能因為丈夫而迷失自我。

妳能與丈夫同甘共苦嗎？

很多夫妻，曾經山盟海誓，看起來彼此相愛，但是在困難面前，很可能就是「大難臨頭各自飛」；還有一些夫妻，能夠一起吃苦受難，但卻不能夠一同品味甘甜。妳呢，是否能夠與丈夫同甘共苦？

週日下午，妳突然覺得肚子有點餓，這時妳最想吃哪一種食物？

Ⓐ 臭豆腐和榨菜

Ⓑ 蛋糕甜點

Ⓒ 乾糧餅乾

Ⓓ 泡麵

選擇A：

　　妳是一個善良的女性，在婚姻中極其負責任。很多時候，面對一些苦難或者歡樂，即使妳不願意，都會基於責任和義務與他一起同甘共苦。

選擇B：

　　表面看來，妳是一個適合一起生活的女子，但是一旦丈夫遭遇某些困難，妳就會考慮和他在一起到底值不值得，之後很可能就會離開。

選擇C：

　　妳是一個可以和伴侶一起吃苦的女子，但是當你們的日子漸漸走上正軌，一切都向好的方面發展的時候，妳可能會選擇離開。簡單來說，妳和伴侶可以一同吃苦，但是卻不能一起享樂。

選擇D：

妳認為愛情是無所謂貧窮和富有的，認為只要愛上一個人，就應該全力去愛下去，不管他是貧窮還是富有。

愛情與麵包，妳怎麼選擇

愛情不能當飯吃，這是掛在很多女性嘴邊的一句話；但還有一些女性認為，如果沒有了愛情，吃飯還有什麼滋味。一直以來，愛情與麵包都讓很多女人難以取捨。那麼，在妳婚姻的天秤中會更偏向哪一面？

請用妳的大腦想像這麼一幅畫面：一條曲曲折折的小路邊，開滿了各式各樣的小花兒，蝴蝶在上面翩翩起舞，湛藍的天空中有小鳥和飛機飛過。如果讓妳在這個畫面上畫上地平線，妳會選擇畫在哪裡？

Ⓐ 飛機和小鳥之間

Ⓑ 鳥和蝴蝶之間

Ⓒ 最低位置

選擇A：

從妳想像的畫面不難看出，A與B、C比起來地面空間要大得多，而天空的空間則比較小，所以意味著妳只看接近地面的空間，眼界較低，也就是理想和現實都比較低。但另一方面說明妳做什麼事情都是腳踏實地，但是因為太過現實而缺少羅曼蒂克的浪漫。

選擇B：

妳是一個非常容易滿足、踏實顧家的女子，認為只要不必為生活發愁，即使生活沒有變化也是無所謂的。只要能夠和家人平平安安、快快樂樂地生活在一起，就是最大的幸福了。

選擇C：

選擇這個答案的女孩子，是典型的理想主義

者，因為從畫線的位置就可以看出妳會給自己留下很大的空間來幻想，始終在想像「像鳥和蝴蝶般在空中飛翔」的景象。在愛情和麵包之間，如果不是生活過不去，妳不會選擇放棄浪漫的愛情。

妳會是個怎樣的太太

婚姻生活中，妳是一個怎樣的太太呢？是賢妻良母還是優秀妻子？想不想知道明確的答案，趕快進入下面的這個測試吧！

假設妳是童話《小紅帽》的主角，家裡還有一個妹妹。有一次，你們一同探望生病的外婆，但是卻忘記了帶在路上吃的東西，於是妹妹回家去取。她走後妳發現有一大片草莓，於是摘了很多。妹妹回來後看到這麼多的草莓，很奇怪地問道：「妳從哪裡弄來這麼多草莓啊！太奇怪了！」這時妳會怎麼回答？

Ⓐ 附近有很多草莓，我去摘的

Ⓑ 誰叫我是妳姐姐呢，所以就有辦法弄到了

Ⓒ 哈哈……因為妳姐姐的本事比較大

選擇A：

妳是典型的賢妻良母。妳會在丈夫的背後默默地支持他做任何事情，必要的時候可能會奉獻妳的一切，而且不會與他爭功。妳認為只要不遺餘力地幫助丈夫守護一個家，建設一個家，就是世界上最大的幸福。

選擇B：

妳是一位優秀的妻子。從認識丈夫開始，妳就毫不掩飾地把一個優秀妻子所具有的品質給顯示出來了。事實證明丈夫的成功離不開妳的協助，雖然妳偶爾會擺出領導的面孔來，但並不影響丈夫對妳的信賴。

選擇C：

妳是典型的事業型女子。妳認為自己如果長期

埋沒在沒完沒了的家務之中，簡直是大材小用，因為妳有信心也有能力去做自己想做的事情，而且一定能夠成功。甚至當家庭與事業發生矛盾的時候，妳會放棄家庭來成全事業。

是誰在破壞你們的婚姻

當婚姻出現問題時，夫妻雙方常常相互指責是對方的錯。「是他不負責任，到處拈花惹草」，「是她不對，經常出入酒吧、歌廳，一點也不顧家」。其實誰也推託不掉導致離婚的責任，每個人都有自己的錯誤，我們為什麼不從自身找找原因呢？發現自己的缺點，改正自己的錯誤，對妳以後的婚姻生活會有很大幫助的。甚至有時候，妳回頭想想，原來的那個才是最適合自己的一個。

到底是誰在破壞你們的婚姻呢，找妳的丈夫共同來做一下測驗吧。

測試一：（男性做）

如果讓你必須在下面的選項中選擇一個能夠與你共同生活、白頭偕老的女人，你最先排除掉哪一個？

Ⓐ 喝酒的女人

Ⓑ 抽煙的女人

Ⓒ 化濃妝的女人

Ⓓ 目空一切，清冷孤傲的女人

選擇A：

一個無法容忍女人喝酒的男人，你也可能是一個頑固的人。像你這樣的人一般都比較傳統，處理問題時，也總是固守著一定的法則。要是和一個自己討厭的女人分手，就會狠狠地說一句：「走開，我再也不要看到妳。」絲毫不顧及對方的感受。

選擇B：

你對婚姻的破裂所承擔的責任比較小。像你這

樣的人，可能是從小就被寵愛，習慣了接受，而不會表達自己的觀點和看法；面對問題時，也很難獨立，總想依靠別人的幫助。當你討厭一個女人抽煙的時候，你可能會想到與她分手，但是你會猶豫不決，此時一定要果斷，這樣對誰都有好處。

選擇C：

你是一個非常冷酷的人，很容易讓對方對你心生恨意。所以，一旦和對方分手，你們很難有和好的可能。你對女人的愛恨情仇表現得十分明顯，而且會不斷要求對方滿足自己的意願。你跟討厭的女人分手時，會把所有的問題都弄得一清二楚，分得很徹底。

選擇D：

你同樣是個高傲的男人。如果要與對方分手，你會給對方施加精神壓力，從中獲得一種優越和滿足感，進而使對方達到難以忍受的地步，到最後，不得不離婚。然而離婚後，你會在心底產生一種很強烈的失落感，想要努力挽回，此時就需要你表現

出一種最真摯的情誼了。

如果在下面的選項中必須選擇一個男性作為妳的丈夫，和妳共同組織一個家庭，妳會選擇哪一種類型？

Ⓐ 嗜賭成性的男人
Ⓑ 風流成性的男人
Ⓒ 嗜酒成性的男人

選擇A：

妳相當有理性，而且精明能幹，做什麼事情都有自己的主見。結婚之後，妳往往會尊重對方的觀點和建議。如果需要妥協才能解決問題，妳會毫不猶豫地選擇妥協，而且絕對會自覺地照顧對方的感覺，維護對方的自尊心。當然，你們的離婚可能性很小，即使有離婚的可能，也是妳丈夫提出來的。

在離婚時，妳會很乾淨俐落地解決問題，絕對不會對自己的選擇感到後悔和遺憾，所以一般情況下也不會回頭。

選擇B：

妳是一個自信心和自尊心都非常強烈的人。而且往往喜歡命令和控制別人，結婚之後，對丈夫，對自己的孩子要求十分嚴厲。有時候，妳野蠻的態度會逼得家人走投無路。如果達到忍無可忍的地步，對方會率先提出離婚的，所以你們的離婚可能性很大。但離婚後，妳一樣不會反省自己，認識不到自己的錯誤。所以，妳應該及時地反省自己、檢討自己。

選擇C：

妳是一個具有寬容心的女人。如果妳覺得和自己的丈夫性生活比較和諧，或者說妳感到滿足的話，妳就會死心塌地地跟著這個男人。有時候，妳還會有一點自虐的傾向，不管在丈夫那裡受到了多大的委屈，也只會一味地忍耐，並且能夠寬容他的

缺點和不足。當丈夫不忠，甚至對妳實行暴力時，妳也從未想過進行反抗。即使是妳忍無可忍的時候，妳可能也不會選擇離婚，而最大的可能就是離家出走。

妳家會有「第三者」出現嗎？

不要幼稚地認為，只要結婚就能拴住一個人的心，對方就會對自己忠誠。這個世界充滿太多誘惑，說不定什麼時候妳的他就會失足落水。妳能否看得住他？你們家會有「第三者」出現嗎？請做下面的測試。

1、他(她)是否一有時間，就躲在房間裡看一些淫穢書籍或者是A片？

Ⓐ 是的

Ⓑ 不是

ⓒ 偶爾有幾次

2、你們兩個的年齡相差十幾歲，雙方對這個問題都比較敏感，是這樣嗎？

Ⓐ 是這樣

Ⓑ 不是

ⓒ 不確定

3、你們的夫妻性生活很長時間都極其不和諧嗎？

Ⓐ 是這樣

Ⓑ 不是

ⓒ 有點

4、妳常常會因為忙工作、忙孩子、忙老人的事情而忘記關心一下對方嗎？

Ⓐ 是

Ⓑ 不是

Ⓒ 不確定

5、他是否經常瞞著妳到外面逛街或者去歌舞
廳？

Ⓐ 是

Ⓑ 不是

Ⓒ 不確定

6、在談戀愛的時候，妳覺得對方很有吸引力，
可到結婚後想法變了？

Ⓐ 是

Ⓑ 不是

Ⓒ 不確定

5 該怎麼看待自己的婚姻

7、如果他手裡有錢，就會無節制地花，一點也不管家裡的事情嗎？

A 是

B 不

C 有時候

8、你們的夫妻關係本來很好，但是由於種種客觀原因把你們之間的距離拉得越來越大，甚至出現了感情淡薄的現象嗎？

A 是

B 不是

C 不確定

9、妳和對方常常因為與異性的交往而吵架，每次吵完後，都很難平靜下來。是這樣嗎？

A 是

B 不是

C 不確定

10、他是否常常喜歡拿孩子出氣?

A 是

B 不是

C 有時候

11、對方很少主動提出要求和妳過性生活,是嗎?

A 是

B 不是

C 不確定

12、最近一段時間,妳的丈夫時不時會在妳的

面前誇獎某個女人，是嗎？

Ⓐ 是

Ⓑ 不是

Ⓒ 不確定

選擇A得2分，選擇B得0分，選擇C得1分。

0～8分：

妳家不會有「第三者」出現。你們的家庭關係很穩固，沒有誰能輕易攻破你們的城池，所以，妳不用著急，也不用心慌。當然，這個世界千變萬化，妳最好是防著點，發現端倪，及時解決。

9～16分：

妳家會有「第三者」出現的可能。所以，現在的妳應該多注意防範，對他（她）多一些關心和愛護，要籠絡住對方的心，要不然，說不定哪天就會有一些條件優異、手段高明的「第三者」乘虛而

入。

17～24分：

妳家很有可能有「第三者」的出現。妳家現在的情況有些危險，你們的婚姻已經快到分手的地步，也許妳還沒有覺察。建議妳及時消除你們之間的誤會，彌補感情上出現的危機，不要給「第三者」留下任何落腳之地。

愛情筆記本

6
妳的魅力有幾分？

　　魅力是女性的綜合指數，是從女性的身體內部和心底深處自然

而然流露出來的一種氣韻，是一個人在性格、氣質、能力、道德品質

等方面吸引人的力量。生活中，妳有沒有讓人驚豔的美麗和超凡的魅

力？妳知道如何讓自己成為人群中最耀眼的焦點嗎？那麼，走進本章

的測試吧，幫妳發現一個不一樣的自己。

妳是哪種魅力女生

現實生活中，有的女孩子溫柔可人，有的女孩子簡單純樸，有的女孩子則酸酸甜甜……那麼，妳是哪一種魅力女生呢？一起來測一測吧！

1、漫長的假期過完了，馬上就要開學，妳最想給自己買點什麼禮物呢？

Ⓐ 新衣服、漂亮的包包。前進到第 **2** 題
Ⓑ 一款時尚的電子辭典。前進到第 **3** 題

2、如果妳準備買新衣服，妳覺得自己會挑選那種顏色呢？

Ⓐ 冷色系例如黑色或灰色。前進到第 **5** 題
Ⓑ 暖色系例如粉色或黃色。前進到第 **6** 題

3、電腦是學生族離不開的東西，那麼妳重視電腦桌的哪個方面呢？

A 實用性。前進到第 **5** 題

B 舒適度。前進到第 **4** 題

4、每個女孩子都有屬於自己的溫馨小屋，那妳的閨房通常是什麼狀態呢？

A 東西放的有些亂，但自己喜歡。前進到第 **9** 題

B 整整齊齊，井井有條。前進到第 **8** 題

5、參加朋友的生日聚會時，妳會？

A 按時到達指定地點。前進到第 **6** 題

B 總是遲到。前進到第 **8** 題

6
妳的魅力有幾分？

6、如果吃飯的時候妳發現菜裡面有一隻蒼蠅，
妳會？

Ⓐ 大聲尖叫覺得十分噁心。前進到第 9 題
Ⓑ 悄悄扔掉繼續吃飯。前進到第 7 題

7、 妳和同宿舍姐妹的關係怎麼樣？

Ⓐ 自己就像一個小妹妹，什麼都要她們照
顧。前進到第 8 題
Ⓑ 很有主見，在她們中間自己是大姐大。前
進到第 10 題

8、如果妳對自己最好的朋友有所不滿，妳會？

Ⓐ 把話憋在肚子裡，不會因為小事傷了大家
的和氣。前進到第 9 題
Ⓑ 當面說出來，說過之後就算了。前進到第

10 題

9、妳希望與男朋友第一次約會的地點在哪裡？

Ⓐ KTV或遊樂場。前進到第 **12** 題

Ⓑ 森林公園或者咖啡廳。前進到第 **11** 題

10、妳身邊的朋友都是哪種類型的？

Ⓐ 各種類型的朋友都有 → **A** 型

Ⓑ 與自己家庭環境、成長經歷、性格相似
的 → **C** 型

11、商場正在做換季大優惠活動，妳有何反
應？

Ⓐ 雖然機會難得，但自己沒有什麼需要買的
物品 → **B** 型

B 趁此機會一定要好好血拼一下 → **C** 型

12、如果妳的好朋友失戀了，妳會？

A 陪在她身邊，指責對方的缺點 → **D** 型

B 給她時間療傷，讓她保持安靜 → **B** 型

A型：

妳是那種簡單純樸的鄰家女孩。一般而言，妳做事低調，安靜含蓄，而且自己沒有把握的事情絕對不會去做。再者，妳往往喜歡把自己的本色隱藏起來，只有相處久了才能夠體會到妳的純樸魅力。

B型：

妳是那種頂級大美女。無論妳走到哪裡，都能夠像鑽石一樣發出耀眼的光芒。同時，妳對自己的人生充滿期待和自信，而且人緣極好，周圍所有的人都樂於與妳相處，但妳在交友方面要求苛刻，所以妳的知心朋友並不多。

C型：

妳是那種酸辣可愛的女生。一般而言，妳喜歡特立獨行，而且思想活躍，對各種流行資訊十分關注。在人際交往中，妳總是按照自己的想法做人做事，是為自己而活的人，妳那率真酷辣的性格是吸引異性的魅力所在。

D型：

妳是那種溫柔可人的女孩子。溫婉如水的妳充滿女性的柔美特質，無論是眉目之間還是舉手投足之間，都有一種說不出的溫柔感！妳不用誇張地去化妝或是可以偽裝，一個眼神，一個微笑就足以征服身邊的朋友。

妳擁有哪種超級魔力

童話或者希臘故事看多了，妳是不是也特別想擁有某種超級魔力。假如現在給妳一個機會，妳最想擁有哪種超級魔力呢？來測一下吧！宇宙之神

宙斯要在凡間挑選一位可以成為精靈的人，妳很幸運，被選中了，他現在要透過一個天體向妳傳達旨意，妳認為最可能是哪一個？

A 太陽

B 月亮

C 水星

D 土星

選擇A：

　　妳最想擁有太陽神阿波羅的魔力，這種魔力極具權威性和支配力。妳是那種個性一目了然的女孩子，渾身上下都散發著一種貴族氣質和王者風範。同時具有正義感，坦誠和樂觀使妳能夠成為很好的領袖。同時妳為人正直，極具人緣，身邊有很多朋友。

選擇B：

　　妳最想擁有月亮神亞提米斯的魔力，這種魔力

具有敏銳的洞察力。妳是一個精力旺盛、感覺敏銳的女孩子，喜歡被需要和被保護的感覺。不管做什麼事情，妳都會投入100%的精力，因而總能夠達到目標。

選擇C：

妳最想擁有資訊之神漢密斯的魔力，這種魔力能夠讓妳做事情一絲不苟。妳是一個具有完美主義的女孩子，做什麼事情都喜歡按照自己的主觀標準去行動，而且一絲不苟，極具精力，同時非常挑剔，厭煩虛偽和不正當的事。

選擇D：

妳喜歡擁有司時神漢斯的魔力，這種魔力讓妳意念堅強。在生活中，妳意志堅強、耐力過人，是為了完成某項事業而活的人，不論是學術上的追求，個人的承諾，或是其他一些更高的目標，妳都有著永不疲倦的精力，腳踏實地，不會輕易冒險。

妳留給別人的第一印象是什麼

　　每個人都很在意自己留給他人的第一印象是什麼。的確，第一印象在人際交往中有著很重要的作用，而且它在很大程度上還顯示出一個人的魅力指數。想不想知道妳給別人的第一印象是什麼？趕快進入下面的這個測試吧！

　　如果妳現在有以下五個祕密，妳最不希望讓情人知道妳哪一個祕密？

Ⓐ 妳以前的情史

Ⓑ 妳得了癌症

Ⓒ 妳是變性人

Ⓓ 妳有億萬財富

Ⓔ 妳有特殊癖好

選擇A：

妳給人留下的第一印象——妳是這個世界上的新好女人。妳自身條件非常優越，而且妳人緣極好，朋友們都樂於與妳相處。而且，妳有完美主義的傾向，妳希望自己在別人面前是非常完美，也是無懈可擊的。

選擇B：

　　妳給人留下的第一印象——古怪。在別人的印象裡，妳具有典型的音樂家氣質，清冷孤傲，難以捉摸，別人常常搞不懂妳到底在想些什麼，認為妳很難接近。的確，事實是在妳跟別人相處的時候，會讓別人覺得妳很有距離感。

選擇C：

　　妳給人留下的第一印象——花癡、色胚。雖然是女孩子，但是妳的言行舉止都讓人覺得妳在放電騷擾他人。當然，這種類型的女孩子自信心特別強，對自己的魅力相當自信，因此會放電吸引人，而且也樂於被別人吸引。

選擇D：

6 妳的魅力有幾分？

妳給人留下的第一印象——嚴謹古板。妳屬於那種比較古板的女孩子，是典型的朝九晚五、上下班刷卡的公務人員。妳的生活非常嚴謹，極富規律，一般而言，妳不會輕易改變妳生活的規律。因此給人的第一印象就是保守。

　　選擇E：

　　妳給別人留下的第一印象是——妳是路人甲，意思就是在人群中妳極不起眼，絲毫沒有自己的特色，很難吸引他人的注意。其實，妳自己倒挺樂意自己的這種狀況，不受拘束，自由自在。

妳是哪種美麗「妖精」

　　妳是否覺得那些猶如妖姬般的女子只存在於畫面或者想像中？其實不然，因為每一個女孩心中都有極度嫵媚妖豔的一面，若是能夠得以釋放，妳也會展示出自己妖媚的一面。來做下面的測試吧，看一下妳是哪種美麗「妖精」？

1、做情人還是做妻子，妳認為名份很重要嗎？

Ⓐ 無所謂。前進到第 **2** 題

Ⓑ 是的。前進到第 **3** 題

2、如果和妳愛的男人長期保持一種曖昧不明的關係，妳會？

Ⓐ 十分不樂意，如果關係不能夠明朗化，寧願離開他。前進到第 **3** 題

Ⓑ 無所謂，只要彼此相愛。前進到第 **4** 題

3、當妳深愛的男人背叛妳之後又回來找妳，妳會？

Ⓐ 有可能重新接受他。前進到第 **4** 題

Ⓑ 絕對不會再理他。前進到第 **5** 題

6
妳的魅力有幾分？

4、妳認為自己會用色相勾引男人嗎？

Ⓐ 絕對不會。前進到第 **5** 題

Ⓑ 不一定。前進到第 **6** 題

5、妳認為自己是哪種情人呢？

Ⓐ 大眾情人。前進到第 **7** 題

Ⓑ 只適合某一類型的男人。前進到第 **6** 題

6、妳深愛的一個男人，但是他卻不愛妳，想要離妳而去，妳會？

Ⓐ 為他生孩子試圖留住他。前進到第 **7** 題

Ⓑ 發動親戚朋友，讓他們幫忙留住。前進到第 **8** 題

Ⓒ 既然不能和他在一起，不如死了算了。前進到第 **9** 題

7、如果一個妳很討厭的人向妳示愛，妳會？

Ⓐ 斷然拒絕。前進到第 **8** 題

Ⓑ 與他保持一定的聯繫。前進到第 **10** 題

8、如果有男士奉承妳長得漂亮，妳會？

Ⓐ 淡然一笑。前進到第 **9** 題

Ⓑ 謝謝他的誇獎。前進到第 **10** 題

9、妳在男人眼中的最可能的印象是哪種類型？

Ⓐ 活潑可愛的鄰家女孩。前進到第 **11** 題

Ⓑ 端莊秀麗的大家閨秀。前進到第 **12** 題

Ⓒ 十分個性的時尚女郎。前進到第 **13** 題

10、妳是不是更喜歡和異性朋友在一起玩？

A 是的。前進到第 **11** 題

B 不是。前進到第 **13** 題

11、妳更喜歡向誰傾訴感情的煩惱？

A 閨中密友。前進到第 **14** 題

B 藍顏知己。前進到第 **12** 題

12、在與自己喜歡的男生講話時，妳會？

A 非常緊張還會說錯話。前進到第 **13** 題

B 故意挑逗他。前進到第 **15** 題

13、如果和男友生氣，妳會？

A 和他吵。前進到第 **14** 題

B 不和他說話。前進到第 **16** 題

14、妳的男朋友做出什麼事情妳一定會離開他？

A 不敢公開妳們的關係。前進到第 **15** 題

B 背著妳和別的女人有曖昧關係。前進到第 **16** 題

15、妳和前男友的關係通常是？

A 形同陌路。前進到第 **17** 題

B 像老朋友一樣聯繫。前進到第 **19** 題

16、妳會為了男友而斷絕和某些異性朋友的交往嗎？

A 有可能。前進到第 **17** 題

B 絕對不會。前進到第 **18** 題

6
妳的魅力有幾分？

17、一般妳會在第一時間告訴妳男友什麼事情？

Ⓐ 工作上有了小的成就。前進到第 **18** 題

Ⓑ 被他人騷擾。前進到第 **20** 題

18、和男朋友第一次約會時，妳們會選擇什麼樣的餐廳用餐？

Ⓐ 環境幽雅的西餐廳。前進到第 **19** 題

Ⓑ 很普通但很衛生的小餐廳 → **A** 型

19、妳一般不會和男朋友講哪類事情？

Ⓐ 妳和異性朋友們的交往情況。前進到第 **20** 題

Ⓑ 工作上遇到的麻煩事 → **B** 型

20、如果男友心情十分不好，妳知道怎麼安慰他嗎？

Ⓐ 知道 → C 型

Ⓑ 往往會安靜地陪著他 → D 型

A型：

妳屬於白色妖姬。生活中的妳美麗無比，就如同是流落人間的仙女，可遠觀而不可褻玩焉。同時，妳是天使和魔鬼的結合體，能夠給男人帶來無盡的遐想。而且女人在妳面前也常常是自愧不如。

B型：

妳屬於藍色妖姬。生活中的妳，擁有超塵脫俗的氣質，就如同是空谷幽蘭，別人或許能夠模仿到妳的姿態，但學不來妳的神韻。同時，妳的冷若風霜、冰清玉潔常常將很多男人拒之門外，但依舊會有很多男人百般獻媚，只為博得妳紅顏一笑。

C型：

妳屬於青色妖姬。清水出芙蓉，天然去雕飾，妳就像是來自大森林深處的精靈，擁有機靈、俏皮之美，常常會把男人搞得暈頭轉向。而且，妳那舉足間的驚豔，足以征服所有的人。

D型：

妳屬於紫色妖姬。生活中的妳，彷彿是來自地獄的使者，不可否認，妳是美得讓人驚豔的女子，但是妳的美總是帶有一種邪惡的味道，令人心馳神往，卻又害怕接近。而且，妳總是刻意與別人保持一定的距離，幾乎沒有人能夠走進妳的心。

妳會如何對待一夜情

很多女人的內心，都渴望自己能夠有一場浪漫的邂逅。妳呢？會不會也想到自己可能會發生一夜情？那麼，想不想知道怎麼對待一夜情？來做下面的測試題吧！

妳突然得到一大筆錢，但適逢假日銀行關了

門，於是妳不得已選擇把錢放在家裡，放到什麼地方妳才會覺得安心呢？

Ⓐ 書架裡書與書之間

Ⓑ 牆上的掛畫後面

Ⓒ 抽屜裡

Ⓓ 冰箱的製冰層裡

選擇A：

書本是知識與理性的象徵，把錢放到這裡給人的感覺妳是個堅持原則、潔身自愛的人；妳的理性會叫妳拒絕一段沒有保障的愛情。不過，雖然妳嘴裡會拒絕一夜情，想試試看的慾望卻比別人強啊！

選擇B：

妳是一個重感情的人，但千萬別輕視愛情遊戲，因為妳是一個容易心軟，又易於陷入浪漫刺激以致不能自拔的人。最後妳只懂得認真地去面對這段不知是真是假的愛情，但結果可能是慘淡收場。

選擇C：

抽屜是個讓人隨意放東西的地方，同時也容易忘記放在了哪裡。妳是一個很隨心、憑感覺而為的人，如妳遇上豔遇，會很快投入激情熱戀氣氛當中，但當感覺沒有了，妳的冷卻速度也會一樣快。

選擇D：

製冰層象徵隱藏的事物，妳常常有很多自己的小祕密，當妳遇到吸引妳的對象時，妳便會全情投入不顧一切，不過事過之後便立即回頭，絕對不會讓事情曝光；妳奉行「結婚之前一定要嚐盡所有好玩事情、體驗人生」這一格言。

愛情與事業，哪個在妳生命中更重要

魚和熊掌往往難以兼得，很多時候，選擇愛情，便會影響事業，而選擇事業，愛情也會大打折扣。想不想知道在妳的潛意識裡認為愛情和事業哪個更重要？下面的這個測試應該能夠幫助妳找到答

案。

如果有一天妳獨自一人出國旅行，而且對這個國家的語言一點不懂，妳最害怕遇到什麼麻煩？

Ⓐ 丟失護照等證件

Ⓑ 錢被人偷了

Ⓒ 該國員警懷疑自己犯罪

Ⓓ 上當受騙

選擇A：

妳是一個事業心很強的女人，為此可以放棄愛情。即使擁有愛情，妳也總是喜歡享受吝於付出。不錯，一個偉大的女人背後肯定有一個偉大的男人，但是妳也不應該為此把事業和愛情分得太清楚。

選擇B：

相對而言，妳的事業稍微重要一點。如果妳的男友不是感情用事的人，妳們會很幸福的。而且妳

也能夠透過享受愛情來化解工作上的壓力，不過妳因為總是把工作上的壓力帶到生活中來，很容易傷害到對方。

選擇C：

選擇這個答案的女孩子認為生命中愛情比較重要一些。有時候可能會為了成全愛情，甘心放棄事業。但是愛情不能當飯吃，很多時候妳和愛人之間的爭吵都是因為錢。建議妳們先保持經濟獨立，這樣或許會減輕愛情負擔。

選擇D：

選擇這個答案的女孩子幾乎把愛情當作生命中的全部。

這種類型的女孩子幾乎沒有事業心，可以說她們根本就不喜歡工作，因此她們就有更多的時間和精力來經營自己的愛情。但是，婚後很可能因為經濟問題鬧得不愉快，因此建議妳在組建愛巢之前先打好經濟基礎。

妳是事業型女性嗎？

有人說，男人重事業，女人重愛情。而在現代社會，事業不單單是男人的專利，巾幗不讓鬚眉，很多事業型的女性異軍突起，與男性平分天下。那麼，對於妳來說，事業和愛情之間妳會選擇哪個？妳是事業型的女性嗎？來測試一下吧。

1、妳是否覺得自己很有進取心？

A 是。前進到第 **3** 題

B 不是。前進到第 **2** 題

2、比起老闆，妳是否覺得自己其實也差不到哪兒去。

A 是。前進到第 **4** 題

B 不是。前進到第 **5** 題

3、人人都說加班辛苦，妳是否也是這麼認為？

A 是。前進到第 **5** 題

B 不是。前進到第 **6** 題

4、妳是否覺得與其自己提出辭職，還不如等待
最後退休？

A 是。前進到第 **7** 題

B 不是。前進到第 **8** 題

5、妳是否很好強，喜歡和別人爭高低？

A 是。前進到第 **9** 題

B 不是。前進到第 **8** 題

6、當妳解決了一個難題之後，是否覺得人情起了關鍵的作用？

Ⓐ 是。前進到第 **10** 題

Ⓑ 不是。前進到第 **9** 題

7、妳是否總想過一種雖然並不快樂，卻很安穩的生活？

Ⓐ 是 → **A** 型

Ⓑ 不是 → **B** 型

8、妳經常覺得自己的運氣很不錯嗎？

Ⓐ 是 → **C** 型

Ⓑ 不是 → **A** 型

9、妳是否堅信自己能夠實現「一擲千金」的夢

想？

Ⓐ 是 → **B** 型

Ⓑ 不是 → **D** 型

10、妳是否覺得自己是一個很容易被打動的人？

Ⓐ 是 → **D** 型

Ⓑ 不是 → **C** 型

A型：

妳只想做個賢妻良母，對事業並沒有很大的興趣。與事業相比，妳更願意把精力放在家庭上。妳會在結婚之後選擇放棄工作，全心全意地來照顧自己的家庭。雖然妳也會將上司安排的事情做好，但並不會藉此來讓自己出人頭地。然而，現代社會競爭日益激烈，擁有一點進取心還是很有必要的。與

其依靠丈夫，不如依靠自己的力量來獲得更好的生活。

B型：

雖然妳很想追求事業的成功，但是卻不想付出艱辛的努力。妳雖然很羨慕別人的成就，也很想讓自己出人頭地，成為別人羨慕的成功人士，但是妳卻並不願意因此而付出太多。妳有一種僥倖心理，覺得憑著自己的小聰明，也會抓住機會，獲得成功。然而靠僥倖是很難成大事的，「吃得苦中苦，方為人上人」，只有付出心血和努力，才能超越別人，取得成功。

C型：

雖然妳「只問耕耘，不問收穫」，卻因此收穫頗豐。妳的工作很努力，但目的並不是為了出人頭地，而是出於責任心和使命感。但正是因為妳負責的態度使妳獲得了很多出人頭地的機會。不管做什麼事情，妳都會十分投入，因此，妳很被上司和前輩們看好，如果妳想獲得更高的職位和權力，那將

是一件順理成章的事情。但是，缺乏野心和魄力有時也是妳的缺點，這會讓妳在承擔要職時，力不從心、不堪重負。

D型：

妳在事業上，懷著野心，有著志在必得的決心。妳非常渴望成功，是個野心勃勃的實幹家。妳會為了實現自己的夢想，會付出不懈的努力，對待事業永遠不知疲倦。因此，妳經常會傾注全力去獲得各種資格證書，在任何的場合都會積極地尋找機會。而且，妳的運氣是比較好的，它會幫助妳在成功的道路上，披荊斬棘、勇往直前。

▶ **令全世界女人都為之瘋狂的愛情心理測驗**

■ 謝謝您購買本書,請詳細填寫本卡各欄後寄回,我們每月將抽選一百名回函讀者寄出精美禮物,並享有生日當月購書優惠!
想知道更多更即時的消息,請搜尋"永續圖書粉絲團"

■ 您也可以使用傳真或是掃描圖檔寄回公司信箱,謝謝。
傳真電話:(02)8647-3660　　信箱:yungjiuh@ms45.hinet.net

◆ 姓名:　　　　　　　　　　　□男　□女　　　□單身　□已婚

◆ 生日:　　　　　　　　　　□非會員　　　□已是會員

◆ E-Mail:　　　　　　　　　　電話:( )

◆ 地址:

◆ 學歷:□高中及以下　□專科或大學　□研究所以上　□其他

◆ 職業:□學生　□資訊　□製造　□行銷　□服務　□金融
　　　　□傳播　□公教　□軍警　□自由　□家管　□其他

◆ 閱讀嗜好:□兩性　□心理　□勵志　□傳記　□文學　□健康
　　　　　　□財經　□企管　□行銷　□休閒　□小說　□其他

◆ 您平均一年購書:□ 5本以下　□ 6～10本　□ 11～20本
　　　　　　　　　　□ 21～30本以下　□ 30本以上

◆ 購買此書的金額:

◆ 購自:　　　　　　　市(縣)
　　□連鎖書店　□一般書局　□量販店　□超商　□書展
　　□郵購　□網路訂購　□其他

◆ 您購買此書的原因:□書名　□作者　□內容　□封面
　　　　　　　　　　□版面設計　□其他

◆ 建議改進:□內容　□封面　□版面設計　□其他
　　您的建議:

讀好書品嘗人生的美味

令全世界女人都為之瘋狂
的愛情心理測驗